Beziehungsraum Schule
Bildung zwischen Freiheit und
Kontrolle

BEZIEHUNGS
RAUM

SCHULE

Bildung zwischen Freiheit und
Kontrolle

Fitzgerald Crain Kaufmann (Hrsg.)
mit Beiträgen von Ruth Gurny, Karin
Joachim, Luca Preite, Rebekka
Sagelsdorff

«Wie schön es ist heute, windstill.
Öffne die Faust, du. Glätte die Stirn.
Kaufe beim fliegenden Händler ein Eis.

Der Junge, der vom Marktstand
Eine Frucht wegstiehlt, sieh seine Not.
Der Händler, der ihm nachrennt,
Sieh seine Wut. Werde dir fremd

Wie beim Lesen der Zeitung. Mach dir
Keinen Reim. Führe nicht Buch.
Mach keine Rechnung auf, löse den Knoten
Im Taschentuch. Bleib dir Zwischenraum.»

Aus dem Gedicht «Selbstermahnung»
von Rudolf Bussmann

Vorwort 9
Fitzgerald Crain Kaufmann

TEIL I
BEZIEHUNGSRAUM SCHULE
19

Fitzgerald Crain Kaufmann

TEIL II
ANREICHERUNGEN UND ERGÄNZUNGEN
99

Der Ansatz der Neuen Autorität und die Schule 101
als Ort der Begegnung
Karin Joachim

Widersprüche und Spannungsfelder der integrati- 123
ven Schule in einem selektiven Bildungssystem.
Rebekka Sagelsdorff

Individualisierung struktureller Benachteiligung 139
am Beispiel der Berufsbildung
Luca Preite

Trotz meritokratischem Narrativ: Schweizer 161
Bildungssystem reproduziert soziale Ungleichheiten
Ruth Gurny

TEIL III
SCHLUSSGEDANKEN ZU FREIHEIT UND GLEICHHEIT
175

Fitzgerald Crain Kaufmann

Anhang 195

Vorwort
Fitzgerald Crain Kaufmann

In unzähligen Büchern, Aufsätzen und Forschungsberichten machen sich Fachleute Gedanken zur Frage, was eine gute Schule und was guter Unterricht ist, was Bildung von Ausbildung unterscheidet, was eine inklusive bzw. integrative Schule ist oder was sie sein soll. Untersucht wird, welchen Einfluss ökonomische, kulturelle und politische Bedingungen auf die Bildung haben: sowohl auf die äussere Struktur der Volksschule als auch auf die emotionalen, psychosozialen, selbstreflexiven Eigenschaften der Schüler:innen und der Lehrpersonen (vgl. z. B. Krautz 2009; Hellgermann 2018; Münch 2018). Im vorliegenden Buch wird ein Aspekt von schulischer Bildung diskutiert, der mir, dem Herausgeber dieses Buches, besonders am Herzen liegt: Schule wird als ein Raum verstanden, der durch produktive und nicht-produktive *Beziehungen* definiert ist. Im einleitenden Text «Beziehungsraum Schule» verdeutliche ich, was ich unter «Beziehung» verstehe und was *produktive* von *nicht-produktiven* Beziehungen unterscheidet.

Schon während meines Psychologiestudiums arbeitete ich mit einem kleinen Pensum als Erziehungsberater in Kinder- und Schulheimen der Stadt Basel. Was war der Inhalt, was war das Ziel der Beratungsgespräche, an denen in der Regel die Sozialpädagog:innen, die Heimleitung, die Lehrpersonen, manchmal eine Sozialarbeiterin oder ein Amtsvormund[1] teilnahmen? Wir sprachen über die Bedeutung von gegenseitiger Zuwendung, von Anerkennung und Sympathie in der pädagogischen Arbeit mit Kindern, die aus irgendeinem Grund schwierig zu erziehen waren. Wir machten uns Gedanken darüber, wie es ist, wenn eine Erzieherin von einem Kind emotional zurückgewiesen wird oder wenn ein Lehrer einem Kind gegenüber eine starke Antipathie empfindet, die so gar nicht zum Bild passt, das er von sich als Fachperson hat. Wir sprachen über offene und verdeckte Machtverhältnisse zwischen Kindern und Erwachsenen. Wir überlegten uns, wie eine professionelle Beziehung aufgebaut, wie sie sorgsam wieder beendet werden kann oder was es für ein Kind bedeutet, wenn eine Beziehung abrupt abgebrochen wird. Immer ging es mir um den Aspekt der *Beziehung*. Das war auch später so, als ich an der Basler Universität angehende heilpädagogische Lehrpersonen, Logopäd:innen und Psychomotoriktherapeut:innen im Fachbereich pädagogische Psychologie unterrichtete. Ich behandelte die verschiedenen theoretischen Konzepte des Menschen. Wir sprachen darüber, was die klassischen Lerntheorien, was die kognitive Psychologie, was eine systemische Betrachtungsweise oder was die Psychoanalyse – von der klassischen Position Freuds bis hin zu modernen psychodynamischen[2] Konzepten menschlichen Verhaltens – für die schulische Pädagogik bedeuten.

---

1 Heute Vertreter:in der Kindes- und Erwachsenenschutzbehörde (KESB).
2 Psychodynamische Theorien gehen wie die klassische Psychoanalyse, auf der sie basieren, davon aus, dass menschlichem Verhalten immer auch unbewusste Antriebskräfte zugrunde liegen. Die Psychoanalyse hat sich seit Freuds Tod 1939 immer weiterentwickelt. *Die* moderne Psychoanalyse gibt es nicht. Vielmehr existiert eine grosse Zahl von Theorien, die sich im Hinblick auf wesentliche Fragen, zum Beispiel das Verständnis der Aggression, von der klassischen Psychoanalyse unterscheiden (vgl. Crain 2011).

Fitzgerald Crain Kaufmann

Vor einigen Jahren stiess die umfassende Meta-Analyse des Bildungsforschers John Hattie (2015) in der Öffentlichkeit auf grosses Interesse. Die Quintessenz seiner Untersuchung, wie sie von den Medien – oft allerdings stark verkürzt – wiedergegeben wurde, lautete, dass es bei Unterrichtsqualität und Schulerfolg in erster Linie auf den Lehrer oder die Lehrerin ankomme. Ich fand es erstaunlich, dass diese Aussage als neue Erkenntnis dargestellt wurde. Dass die zwischenmenschliche Beziehung wichtig ist, dass es auf die menschlichen Qualitäten eines Lehrers, einer Lehrerin, einer Erzieherin ankommt, wusste man doch seit Jahrzehnten. Das war, gerade aus meiner Sicht, die von einer modernen psychodynamischen Pädagogik geprägt ist (vgl. Crain 2011), nicht neu. Ich fragte mich gleichzeitig: War die mit Bezug auf Hattie geäusserte Behauptung, dass der Erfolg des Unterrichts – gemessen durch die Leistungen der Schüler:innen – zuallererst von der Lehrerin und vom Lehrer abhänge, nicht insofern fragwürdig, als die Lehrpersonen aus dem zwischenmenschlichen und gesellschaftspolitischen Kontext herausgelöst wurden? Lehrpersonen sind immer Teil eines Kontextes, heute besonders, da Teamarbeit gefragt ist und die Figur der alleinunterrichtenden Lehrperson der Vergangenheit angehört. Wurden zudem strukturelle Faktoren wie der Zeitpunkt der Selektion, der Aufbau und die Gliederung der Volksschule, die Klassengrösse und Klassenzusammensetzung, die finanziellen Ressourcen der Schule, die Frage der Ausbildung der Lehr- und Fachpersonen oder der Schulleitungen und nicht zuletzt: Wurde der ganze bildungspolitische und politische Kontext in seiner Bedeutung nicht allzu sehr relativiert?

Das Baby allein gibt es nicht, betonte der englische Kinderarzt und Psychoanalytiker Donald Winnicott bereits in den 1940er-Jahren, denn überall da, wo man ein Baby finde, finde man auch die mütterliche Fürsorge

(Winnicott 2002: 50). Damit meinte er nicht nur, dass das kleine Kind auf die mütterliche Fürsorge angewiesen ist. Er meinte vielmehr, dass man den Menschen nicht – wie das noch die klassische Theorie Freuds angenommen hatte – als bei der Geburt beziehungsloses, in sich und gegen aussen abgeschlossenes Wesen begreifen könne, wobei das Baby erst *sekundär* zur Mutter eine Beziehung aufnimmt, da diese die kindlichen Bedürfnisse befriedigt. Menschen sind von Anfang an (bzw. schon vorgeburtlich) Menschen «in Beziehung». Dass Beziehungen in der frühkindlichen Entwicklung von grundlegender Bedeutung sind, ist heute weitgehend unbestritten. Die entwicklungspsychologische Forschung hat eine Unmenge von Belegen zusammengetragen, die zeigen, wie sehr kleine Kinder in den ersten Lebensjahren auf eine mitmenschliche Umwelt angewiesen sind, die ihnen im besten Fall eine sichere Bindung ermöglicht. Gegenseitige Anerkennung und Wertschätzung, Mitmenschlichkeit und das Gefühl, in einer Umwelt zu leben, die Sicherheit und Verlässlichkeit vermittelt, sind, wie wir heute wissen, nicht nur in der Kindheit, sondern lebenslang wichtige Faktoren einer gelingenden Entwicklung.

Dass die mitmenschliche Beziehung wichtig ist, wissen wir also. Aber so einfach ist es nicht. Wenn wir von Beziehung sprechen, wissen wir dann wirklich, was wir damit meinen? Oft bleibt, dies ist ein erster Eindruck, der Begriff allgemein und unbestimmt. Ein zweiter Eindruck: Ich beobachtete in meiner Tätigkeit als Erziehungsberater in Schulheimen für sozial auffällige Kinder und Jugendliche, wie schwer es vielen Fachleuten in Schule und Erziehung immer wieder fiel, Kinder und Jugendliche im Kontext der Beziehung zu sehen, von der *sie selbst* ein Teil waren. Viele neigten trotz ihres psychologischen Wissens dazu, das Kind in den «Fallbesprechungen» wie ein Objekt zu beschreiben und sich selbst aus dieser Beschreibung herauszunehmen.

Das war in der Regel umso mehr der Fall, je schwieriger das Kind war – oder besser: je schwieriger, belastender und «untragbarer» das erzieherische oder schulische Verhältnis von den Erwachsenen empfunden wurde. Oft musste ich den Aspekt der Beziehung explizit erfragen. Der objektivierende Ansatz schien vielen leichterzufallen. Ob ich nicht auch der Meinung sei, dass *Strukturen* das Wichtigste in der Erziehung seien, fragte mich einmal eine Sozialpädagogin im Schulheim, in dem ich mit einem kleinen Pensum arbeitete. Natürlich sind Regeln und Abmachungen in der Arbeit mit jungen Menschen, die schwierig zu erziehen sind, wichtig, antwortete ich. Sie geben Sicherheit und das Gefühl von Verlässlichkeit, sie bilden einen Rahmen, an dem sich die Jugendlichen orientieren, an dem sie sich reiben und an dem sie sich auch stossen können. Aber entscheidend sind doch nicht die Strukturen *an sich*. Entscheidend ist, wie sie von den Fachpersonen gestaltet, vermittelt, begründet und vorgelebt werden.

Da es also um zwischenmenschliche Verhältnisse geht, müssen wir danach fragen, was genau unter dem Begriff «Beziehung» zu verstehen ist. Wir müssen untersuchen, unter welchen inneren und äusseren Bedingungen Beziehungen gelingen oder misslingen. Wir müssen uns vertieft mit der Frage befassen, warum Beziehungen für die Entwicklung von Kindern und den Aufbau ihrer inneren Welt so wichtig sind. Wie lernen Menschen andere Menschen in ihrer inneren Welt zu verstehen? Warum sind sie unter bestimmten Umständen dazu nicht in der Lage? Eine Schülerin beispielsweise weiss, dass ihr Verhalten in einer schulischen Konfliktsituation das Ergebnis von Absichten und Affekten ist; sie ist sich ihrer inneren Motive, ihrer Gefühle (Angst, Wut, Verzweiflung …) mehr oder weniger bewusst. Ein junger Mann rastet aus oder läuft aus einem Konflikt davon, ohne wirklich angeben zu können, was ihn im Innern antreibt. Weshalb ist das so?

In meinem einleitenden Text nähere ich mich theoretisch dem Begriff der Beziehung an. Ich interessiere mich insbesondere für den Bereich der Schule. Ich verstehe die Schule im idealen Fall als einen Ort, der Begegnungen ermöglicht: Begegnungen zwischen Lehrpersonen und Lernenden, Begegnungen aber auch mit dem Lernstoff, womit der Aspekt einer Bildung angesprochen wird, die mehr ist als blosse, dem Nützlichkeitsaspekt folgende Ausbildung. Der Text hat nicht zuletzt eine politische und bildungspolitische Dimension. Ich untersuche die Schule im Kontext der heutigen Gesellschaft und ihrer sozioökonomischen und kulturellen Bedingungen.

Schule findet in einem Spannungsfeld zwischen verschiedenen, einander teilweise diametral entgegengesetzten Erwartungen und Anforderungen statt. Das scheint mir für die Schule von heute charakteristisch: Sie ist durch besondere Widersprüche gekennzeichnet. Es wird weniger nach dem Prinzip des «Nürnberger Trichters»[3] auswendig gelernt wie zur Zeit, als ich zur Schule ging. Die Lehrpersonen wenden idealerweise eine grosse Methodenvielfalt an. Die Schüler:innen haben Projekt- und Werkstattunterricht, sie arbeiten gemeinsam und für sich in Lernateliers. Der schulische Alltag ist oft abwechslungsreich und anregend. Die Eigenaktivität der Lernenden wird – so im Lehrplan 21 – explizit als Ziel propagiert. Es gibt im Lehrplan eine grosse thematische Breite und auch aktuelle politische oder ökologische Themen werden aufgegriffen. Das ist die eine Seite. Zugleich, und das ist die andere Seite, fühlen sich viele – sowohl Kinder und Jugendliche als auch Lehrpersonen – gestresst. Leistungsdruck und Versagensangst sind gross. Burn-out wird nicht nur bei den Erwachsenen, sondern auch bei

---

3 Mit dem Begriff «Nürnberger Trichter» bezeichnet man eine rein mechanische Form des Lehrens und Lernens, wobei Wissen wie durch einen Trichter in den Kopf eines Schülers oder einer Schülerin eingefüllt wird.

den Lernenden in zunehmendem Mass diagnostiziert (Largo 2017). Einige Studien in Deutschland sprechen von bis zu 30 Prozent aller in Lehr- und Pflegeberufen Tätigen, die von einem Burn-out gefährdet sind (Rosa 2018: 400). Etwas stimmt nicht. Etwas läuft falsch in der Schule von heute. Ich gehe in meinem einleitenden Aufsatz über den «Beziehungsraum Schule» den Gründen nach, wie dieser Widerspruch zu verstehen ist. Ich möchte aufzeigen, dass wir ihn besser verstehen, wenn wir uns die Schule als Beziehungsraum denken und uns mit den verschiedenen Beziehungsformen befassen. Ich zeige im Weiteren auf, dass wir die Widersprüche nur begreifen können, wenn wir den politischen Kontext untersuchen, in dem Schule stattfindet.

Der Text «Beziehungsraum Schule» steht nicht für sich allein. Er bildet vielmehr den Ausgangspunkt für eine weiterführende Auseinandersetzung mit der Frage, wie es mit der Beziehungsdimension im schulischen Unterricht steht, wie sehr Bildung dem Pol der Freiheit oder dem Pol der Kontrolle zuneigt. Ich bat drei Fachfrauen und einen Fachmann – eine Pädagogin, zwei Soziologinnen und einen Soziologen – um einen Beitrag im Rahmen eines umfassenderen Buchprojekts. Sie sollten meinen Text als Ausgangspunkt nehmen und kritisch, anreichernd und ergänzend dazu Stellung nehmen.

Im Aufsatz «Beziehungsraum Schule» geht es sowohl um den Aspekt der Fürsorglichkeit als auch den der Konfrontation. *Karin Joachim*, Dozentin an der Pädagogischen Hochschule Bern, setzt sich in ihrem Beitrag mit diesem Aspekt vertieft auseinander. Kinder und Jugendliche, die Grenzen überschreiten, übermässig aggressiv reagieren, Regeln missachten, «verhaltensauffällig» sind bzw. ein «herausforderndes Verhalten» an den Tag legen, stellen für die Schule oft eine grosse Belastung, manchmal eine Überforderung dar. Ist es nicht naheliegend, wenn

Lehrpersonen auf ein solches Verhalten mit Ausschluss, Strafen, in einem herkömmlichen Sinn «autoritär» reagieren? Aber ist es der richtige, der «zielführende» Weg? Karin Joachim diskutiert diese Frage systemischer, als ich es aus psychodynamischer Sicht getan habe. Sie geht von einem Konzept der «Neuen Autorität» aus, wie es vom israelischen Psychologen Haim Omer zuerst entwickelt wurde.

Rebekka Sagelsdorff ist Pädagogin, Bildungssoziologin und Dozentin an der Pädagogischen Hochschule der Fachhochschule Nordwestschweiz (FHNW). In ihrem Beitrag behandelt sie das Thema der Inklusion – die integrative Schule ist auch ein Thema meines einleitenden Textes. Rebekka Sagelsdorff, von modernen Forschungsergebnissen ausgehend, vertieft das Thema der inklusiven bzw. integrativen Schule. Sie untersucht die gesellschaftlichen Rahmenbedingungen, die den Raum der Volksschule als Beziehungsraum beeinflussen und begrenzen. Sie nimmt Stellung für einen integrativen Bildungsansatz und weist zugleich auf die strukturellen Bedingungen eines inklusiven bzw. inkludierenden Unterrichts hin.

Luca Preite unterrichtet wie Rebekka Sagelsdorff Bildungssoziologie an der FHNW. Sein Thema sind die Kinder und Jugendlichen, die unter erschwerten Bedingungen der Migration, der Fremdsprachigkeit und der Bildungsferne ihrer Herkunftsfamilien aufwachsen. Sie stellen eine besondere Herausforderung nicht zuletzt am Ende der obligatorischen Schulzeit und für den Einstieg in die nachfolgende Berufsbildung dar. Die Erwartungen an die Schule, die Jugendlichen in eine Lehre zu bringen, sind gross. An den Bruch- und Übergangsstellen zwischen der Volksschule, den sogenannten Übergangsausbildungen und der Berufsausbildung wird der im Schulsystem angelegte Widerspruch besonders virulent.

Ruth Gurny, ehemalige Soziologieprofessorin an der Hochschule für Soziale Arbeit in Zürich, führt den kritischen Ansatz von Luca Preite weiter und weitet ihn aus. Die innere Welt der Schule als Beziehungsraum, die Schule als Raum der Bildung, steht im Zentrum des Buches. Aber reicht es, eine gute Schule zu sein, mit einem lebendigen, fördernden Unterricht? Sind nicht die strukturellen Bedingungen letztendlich wichtiger? Ohne dass die Bedeutung guten Unterrichts abgewertet werden soll: Wie kommt es, dass – wie die Bildungsforschung belegt – das schweizerische Bildungssystem die bestehenden gesellschaftlichen Bedingungen und Ungleichheiten weitgehend reproduziert?

Worum geht es im «Beziehungsraum Schule»? Was soll fächerübergreifend in der Bildungsinstitution Schule erreicht werden? Letztendlich geht es um Freiheit und Gleichheit. Überlegungen zu den Zielen und Werten, die der Idee einer fortschrittlichen Bildung zugrunde liegen, schliessen das Buch ab.

Crain, F. (2011). *Fürsorglichkeit und Konfrontation: Psychoanalytisches Lehrbuch zur Arbeit mit sozial auffälligen Kindern und Jugendlichen.* 2. Aufl., Giessen: Psychosozial.

Hattie, J. (2015). *Lernen sichtbar machen.* 3., erw. Aufl., Baltmannsweiler: Schneider Verlag Hohengehren.

Hellgermann, A. (2018). *kompetent. flexibel. angepasst.: Zur Kritik neoliberaler Bildung.* Münster: Edition ITP-Kompass.

Krautz, J. (2009). *Ware Bildung: Schule und Universität unter dem Diktat der Ökonomie.* 2. Aufl., München: Diederichs.

Largo, R. (2017). *Das passende Leben.* Frankfurt a. M.: S. Fischer.

Münch, R. (2018). *Der bildungsindustrielle Komplex: Schule und Unterricht im Wettbewerbsstaat.* Weinheim/Basel: Beltz Juventa.

Rosa, H. (2018). *Resonanz: Eine Soziologie der Weltbeziehung.* Berlin: Suhrkamp.

Winnicott, D. W. (2002). *Reifungsprozesse und fördernde Umwelt.* Giessen: Psychosozial.

TEIL I

BEZIEHUNGSRAUM SCHULE

Fitzgerald Crain Kaufmann

Wie ist der Text «Beziehungsraum Schule» aufgebaut? Ich beginne mit dem Prolog, einem Beispiel aus der heutigen Schulpraxis. Eine Lehrerin beurteilt und bewertet das Bild eines neunjährigen Kindes. Sie kann es auf unterschiedliche Weise tun. In den verschiedenen Formen des Bewertens und des Feedbacks manifestieren sich zwei entgegengesetzte Beziehungsformen. Was verstehe ich nun unter dem Begriff der Beziehung? In einem ersten Kapitel nähere ich mich dem Verständnis an, indem ich drei Dimensionen von Beziehung vorstelle.

Ich verstehe die Schule als einen Beziehungsraum. In diesem Raum wird die innere Welt der Kinder beeinflusst, sie wird entwickelt, im besten Fall wird sie bereichert. Die Schule ist ein potenzieller Raum der Bildung und damit der Emanzipation, der Freiheit. Sie ist im optimalen Fall ein Ort der Begegnung. Das ist das Thema des 2. Kapitels.

Die Schule ist aber nicht nur ein Raum von Bildung, Emanzipation und Begegnung. Die Schule in der modernen kapitalistischen Welt ist auch ein Raum der Kontrolle, der Vermessung, der Konkurrenz und der Selektion. Dieser

Beziehungsmodus ist mit Bildung, Freiheit und Begegnung nicht kompatibel. Das ist das Thema des 3. Kapitels.

Die Schule ist also ein Ort gesellschaftlicher Widersprüche. Diese Widersprüche sind – unter den herrschenden gesellschaftlichen Bedingungen – systembedingt und deshalb nicht aufhebbar. Die Spannung zwischen unterschiedlichen Konzepten von Bildung und Ausbildung, zwischen verschiedenen bildungspolitischen Positionen oder zwischen verschiedenen Beziehungsformen kann, wie ich am Beispiel der Schule von Basel-Stadt darstellen werde, grösser oder kleiner sein, offen oder verschleiert. Die Grundfrage also ist: Geht es in der schulischen Praxis primär um Ausbildung im Sinne der Anpassung an gegebene, von Konkurrenz und Kontrolle bestimmte gesellschaftliche Verhältnisse? Legitimiert sich Unterricht dadurch, dass er im Hinblick auf die Bewährung in der späteren Arbeitswelt *nützlich* ist? Oder geht es immer auch um Bildung und damit um Freiheit? In einem gewissen Ausmass entscheidet die Schule über das Verhältnis der beiden Beziehungsmodi zueinander. Es gibt Möglichkeitsräume je nach persönlichem Engagement und je nach den Fähigkeiten der Lehrpersonen, je nach Schule, Gesellschaft, Zeit und Kultur. Aber es gibt auch strukturelle und politische Faktoren, welche die Möglichkeiten einer emanzipatorischen Bildung begrenzen oder gar verunmöglichen. Darum geht es im 4. Kapitel.

In einem Epilog zeichne ich die Geschichte von «Rebecca» nach. Ich habe das Beispiel der jungen Frau dem Buch des Neurologen Oliver Sacks «Der Mann, der seine Frau mit einem Hut verwechselte» entlehnt. «Rebecca» steht für einen sowohl utopischen als auch konkreten Ausblick in eine Bildung, die vom Gedanken der individuellen Freiheit, der Gleichheit und der Mitmenschlichkeit bestimmt ist.

Prolog: Pascal

Die Lehrerin einer dritten Primarschulklasse in Basel verlangt von den Kindern, dass sie ein Bild zu Halloween gestalten. Sie sollen mit Aquarellfarben einen Hintergrund malen, mit der Schere aus schwarzem Papier ein Bild ausschneiden und dieses als Vordergrund auf das Aquarellbild kleben. Das ist die Vorgabe, und Pascal, neun Jahre alt, macht sich voller Elan ans Werk. Er malt einen Hintergrund in orangen und roten Farben unter einer dunkelgrauen Wolkendecke, in der Mitte ein helles Rund, das wie ein grosser gelber Mond aussieht. Ein einsamer Vogel schwebt durch diesen weiten Himmel. Den Vordergrund gestaltet Pascal mit dem schwarzen Papier als fratzenartiges Schloss. Im Schloss ein Durchgang wie ein grosses, weit aufgerissenes Maul; zwei dreieckige Fenster wie ein drohendes Augenpaar; darüber spitze schiefe Türme. Rechts vom Schloss ein Baum, dürr und krumm. Es ist, aus meiner Sicht, ein sehr ausdrucksstarkes Bild.

Ein paar Tage später erhält Pascal sein Bild zurück.

Es wurde von der Lehrerin nach vier Kriterien bewertet. Erstens: «Hat das Bild einen passenden Hintergrund?» Pascal bekommt sechs von sechs möglichen Punkten. Zweitens: «Sind es passende Figuren, möglichst vielfältig und verschieden?» Pascal erhält vier von sechs Punkten. Drittens: «Kann er gut mit der Schere umgehen?» Pascal erreicht fünf von sechs Punkten. Viertens: «Wie steht es mit Kreativität und Originalität?» Pascal werden sieben von acht Punkten zugeschrieben. Insgesamt bekommt Pascal 22 von 26 möglichen Punkten, was in der Gesamtbewertung heisst, dass er nur «mittlere Anforderungen» erfüllt hat. Andere Kinder erhalten ein «höhere Anforderungen erfüllt». Manche lachen Pascal, der als bester Zeichner der Klasse gilt, aus. Zumindest erlebt er es so. Er ist tief enttäuscht, ja verletzt.

Meine erste Reaktion war Unverständnis. Wir scheinen uns daran gewöhnt zu haben, dass im Fachbereich Mathematik, in den sprachlichen oder naturwissenschaftlichen Fächern fortwährend getestet und mittels Noten bewertet wird. Aber in der Musik? Im Bildnerischen Gestalten? Im Sport? Dort, wo es um spielerisches Bewegen und Zusammenspiel, um lustvolles Musizieren, um kreatives Malen und Gestalten gehen müsste? Tatsächlich aber ist das Vorgehen von Pascals Lehrerin durchaus nachvollziehbar. Warum, so könnte sie ihren Kritiker:innen entgegenhalten, sollen Kinder nicht bewertet werden? Erstens würden wir auch als Erwachsene fortwährend bewertet. Unser Berufserfolg, unser Lohn, unser Status werden in erster Linie durch unsere individuellen Leistungen bestimmt. Wir leben in einer Wettbewerbsgesellschaft, so die Lehrerin, und Wettbewerb bedeute, dass auch Kinder miteinander konkurrieren, dass sie sich also miteinander vergleichen. Das sei wie im späteren Leben und darauf müssten sich Kinder früh einstellen. Die Bewertungen, ob in Form von Noten oder auf andere Weise, seien zudem nie als Strafe und nie als abwertende Kritik gedacht, sondern als Anregung: «Hier bist du noch nicht gut genug, hier kannst du dich verbessern.» Bewertungen seien ein Mittel zur individuellen Förderung des Kindes. Aber auch die Angehörigen müssten wissen, wo ein Förderbedarf bestehe. Und auch für sie, die Lehrerin, sei es wichtig, sich regelmässig objektiv über den Stand der Leistungen der Lernenden zu informieren.

Schliesslich, so die Lehrerin: Wenn schon – richtigerweise – bewertet wird, warum sollen nicht *alle Fächer gleichermassen* bewertet werden? Warum sollen Nebenfächer wie das Bildnerische Gestalten nicht genauso bewertet werden wie Mathematik oder Sprachen? Und was den abwertenden und zudem überholten Begriff «Nebenfach» betreffe, wissen wir heute nicht, wie wichtig, gerade im Hinblick auf eine noch ganz unbekannte Zukunft, Kreativität und Originalität sind? Fördere der Musikunterricht zum Beispiel nicht das logisch-abstrakte Denken, wie es in der Mathematik benötigt werde? Und ein Letztes: Was spricht dagegen, dass man so genau und objektiv wie möglich bewertet, indem man die Kriterien definiert, aufgrund derer Pascals Bild beurteilt wird? Das sei gerecht. Zudem müssten Bewertungen rekursfest sein, man müsse sie den Angehörigen der Kinder gegenüber begründen können. Dass Pascal nun enttäuscht sei, verstehe sie. Pascal werde sich aber an Enttäuschungen und Niederlagen gewöhnen müssen, in der Schule und nach Beendigung von Schule und Ausbildung, im privaten und im beruflichen Leben. Man wisse heute, wie wichtig Frustrationstoleranz für den Lebenserfolg sei.

Es fällt schwer, der eloquenten und engagiert argumentierenden Lehrerin etwas entgegenzusetzen. Die Eltern von Pascal könnten zum Beispiel betonen, sie seien keineswegs gegen objektive Beurteilungen, auch nicht in gestalterischen Fächern. Wie genau aber seien diese Kriterien?

Wie viel Willkür verberge sich hinter diesem scheinbar so objektiven Massstab? Was sei denn ein «passender» Hintergrund, was seien «passende» Figuren und wonach werde beurteilt, wie genau Pascal die Schere geführt hat? Hätte er beim zweiten Kriterium eine höhere Punktezahl erreicht, wenn er mehr Objekte aufs Bild gebracht hätte? Drei oder vier Vögel zum Beispiel statt nur einen einzigen? Und was die Gesamtbewertung betreffe: Wie zufällig sei diese doch. Nur ein Punkt mehr und aus «mittlere Anforderungen erfüllt» wäre «höhere Anforderungen erfüllt» geworden. Wer lege die scheinbar so exakte Grenze fest? Die Lehrerin würde diese Kritik vielleicht teilweise gelten lassen. Sie würde zugeben, dass ihre Beurteilung nicht vollkommen objektiv sei, eine solche gebe es hier nicht. Sie weist auf ihre Kompetenz als Fachperson und ihre langjährige Erfahrung in Fragen der Leistungsbeurteilung und Notengebung hin.

Die Lehrerin hätte im Fall von Pascal allerdings auch anders handeln können. Sie hätte die Möglichkeit gehabt, einfach so, zweckfrei, von den Kindern ein Bild zu Halloween gestalten zu lassen. Sie hätte anschliessend mit Pascal darüber sprechen können. Sie hätte ihm ihren Eindruck schildern können, nicht als etwas objektiv Feststehendes, nicht mit der Autorität derjenigen, die weiss, was richtig und was falsch ist. Sie hätte interessiert nachfragen können – warum er zum Beispiel einen einzigen Vogel in den Himmel gemalt habe. Wenn sie den Eindruck hatte, der Vordergrund aus schwarzem Papier sei ungenau ausgeschnitten, hätte sie ihm das, wenn es ihr wichtig gewesen wäre, sagen können. Sie hätte sich für das Gespräch mit Pascal Zeit nehmen können. Sie hätte das Bild nicht nach den vier Kriterien «objektiv» bewerten müssen.

Es ist vordergründig eine Frage der Bewertung: Gebe ich dem Bild eine Note? Bewerte ich eine Leistung und tue ich das nach vorgegebenen Kriterien, die ich unter Umständen vorgängig bekannt gebe, sodass die Kinder wissen, woran sie sind? Oder lasse ich den Kindern einen Raum für ein zweckfreies Gestalten eines Themas und beurteile ich das Bild in einem offenen Gespräch? In diesem Beispiel werden vor allem zwei Arten von Beziehung vorgestellt. Die eine scheint eindeutig: Wenn eine Lehrerin mit Pascal ein persönliches Gespräch führt, wenn sie sich bei ihm erkundigt, wenn sie neugierig ist auf das, was ihn gerade zu *diesen* Farben motiviert, was ihn gerade auf *diese* Ideen gebracht hat, dann ist hier offensichtlich die Beziehungsebene angesprochen. Weit weniger offensichtlich ist der Beziehungsaspekt im Fall der Lehrerin, die das Bild nach objektiven Kriterien beurteilt. Idealerweise, so könnte die Lehrerin argumentieren, verhält sie sich professionell völlig neutral, es geht ihr ausschliesslich um einen objektiv bestehenden Sachverhalt und gerade *nicht* um ein zwischenmenschliches Verhältnis.

Ist die Annahme einer rein objektiven, einer von jeder Subjektivität freien Bewertung jedoch berechtigt? Man kann nicht *nicht* kommunizieren, lautet ein bekanntes Axiom der Kommunikationstheorie. Man kann sich nicht *nicht* beziehen, so müsste das kommunikationstheoretische Axiom ergänzt werden. Es geht mir bei diesem Beispiel deshalb weniger um zwei verschiedene Möglichkeiten, wie Aufgaben gestellt und wie sie bewertet werden. Es geht vielmehr um zweierlei Formen von *Beziehung*. Damit komme ich zur Frage, was ich unter dem Begriff «Beziehung» verstehe.

1. Was ist unter «Beziehung» zu verstehen?

Ich entwerfe im Folgenden eine knappe Theorie der Beziehung. Beziehung hat aus meiner Sicht drei Dimensionen. Ich unterscheide erstens eine Dimension von Beziehung, die durch ein Streben nach Gleichheit, Gegenseitigkeit und Freiheit gekennzeichnet ist. Menschen wollen aber, zweitens, nicht nur gleich sein. Sie wollen auch verschiedenartig, sie wollen ungleich sein und sich als einzigartig von anderen Menschen abheben. Dies ist eine zweite Dimension. Schliesslich können Menschen danach streben, diese Ungleichheit wiederum aufzuheben und eine neue Ebene von Gleichheit und Gegenseitigkeit zu erlangen. Dies ist die dritte Dimension.

Das Streben nach Gleichheit und Freiheit

Es gibt ein angeborenes Bedürfnis nach einer wechselseitigen Beziehung, die auf Gleichheit und Gleichwertigkeit hin angelegt ist. Ich illustriere diese These mit einem Beispiel aus der entwicklungspsychologischen Forschung (Stern 2007). Ein neun Monate alter Junge schlägt auf ein Kissen ein, zuerst etwas wütend, dann immer lustvoller. Die Mutter nimmt das Spiel des Kindes auf. Sie widerspiegelt die Lust und die Erregung des Kindes mit ihrer Mimik, ihrer Gestik und ihrer Stimme. Geht der Arm ihres Sohnes hinauf, so reagiert sie mit einem leicht ansteigenden vokalen «Kaaaa...» Fällt der Arm des Kindes herab, so vokalisiert sie mit einem kurzen und lauten «...bam.» Vielleicht steigert die Mutter ab und zu den Rhythmus, dann wieder merkt sie, wenn der Grad der Erregung für beide Seiten zu gross werden könnte. Aber auch der kleine Junge zeigt, wenn er die Erregung steigern möchte oder wenn ihm die Erregung andererseits zu viel wird, indem er vielleicht den Kopf abwendet oder auf andere Weise signalisiert, dass er sich unwohl fühlt. Was lesen wir aus diesem nur scheinbar unbedeutenden Beispiel aus der Baby- und Kleinkindforschung?

Das Spiel wird von zwei Personen gespielt, die beide aktiv und in ihrer Aktivität aufeinander bezogen sind. Es ist ein lustvolles Spiel; in ihm drückt sich die Freude von Mutter und Kind am Miteinander aus. Es geht, dies ist eine weitere Eigenschaft der Mutter-Kind-Interaktion, nicht darum, eine Leistung zu erzielen, sondern, so der Entwicklungsforscher Daniel Stern (von dem das Beispiel stammt), um ein zweckfreies «to join» und «to share». Das Spiel ist im Weiteren nicht gleichförmig. Es hat einen sich fortwährend leicht verändernden Rhythmus. Ein gleichförmiges Spiel verlöre schnell seinen Reiz, sowohl für das Kind als auch für die Mutter.

Das Spiel ist auch ein Beispiel für Gleichheit *und* Differenz. Beide Seiten nehmen die Erregung des Gegenübers auf und stimmen sich darauf ein. Es ist die gleiche Erregung, aber beide Seiten drücken sie in einer unterschiedlichen Modalität aus: das Kind motorisch, die Mutter, indem sie vokalisiert, gestisch und mit ihrer Mimik. Daniel Stern nennt es Affektabstimmung («affect attunement»). Und es ist eine Interaktion, die von *gegenseitiger* Anerkennung geprägt ist. Die Mutter anerkennt das Kind, indem sie ihre Freude am Sohn und an seiner Aktivität ausdrückt. Das Kind anerkennt die Mutter, indem es seine Lebendigkeit und Verbundenheit mit ihr demonstriert. Das Kind ist, so die feministische Psychoanalytikerin Jessica Benjamin (1996), in diesem Moment ein «die Mutter anerkennendes Kind». Die Mutter ist eine «das Kind anerkennende Mutter».

Die Mutter-Kind-Interaktion ist nicht zuletzt ein Beispiel für *Freiheit*. Denn in dieser Interaktion gibt es kein Machtgefälle. Die Mutter will nicht, dass sich das Kind ihren Regeln oder Erwartungen unterwirft. Sie geht vielmehr auf dessen Spielimpulse ein, sie lässt ihr Kind den Rhythmus bestimmen, was im Kind das Gefühl von Autonomie und Selbstwirksamkeit stärkt. Aber sie tut es nicht als passive Erfüllungsgehilfin ihres Sohnes, sondern als aktives Subjekt, da auch sie den Rhythmus variiert. In diesem Beziehungsgeschehen ist das Kind frei und es ist zugleich abhängig vom Spiel der Mutter. Die Mutter ist frei und sie ist zugleich abhängig vom Spiel des Kindes. Mehr noch: Die Freiheit des Kindes ist die Voraussetzung für die Freiheit der Mutter und umgekehrt ist die Freiheit der Mutter die Voraussetzung für die Freiheit des Kindes. Beide bedingen einander. Im gesellschaftlichen bzw. politischen Zusammenhang spricht Axel Honneth (2015) von *sozialer Freiheit*. Wir sehen, dass Freiheit hier ein Beziehungswort ist und in diesem Fall ein zwischenmenschliches Verhältnis gegenseitiger Anerkennung bezeichnet.

Kindliche Erfahrungen dieser Art sind, wie die Entwicklungspsychologie belegt, eine Grundvoraussetzung für die Entwicklung einer sicheren Bindung. Die sichere Bindung wiederum fördert, wie die Bindungsforschung gezeigt hat, die kindliche Neugier, die Explorations- und Lernlust und das Gefühl der Selbstwirksamkeit. Solche Momente von Gleichheit und zugleich von Freiheit sind nicht auf die frühe Kindheit beschränkt und sie beziehen sich natürlich nicht auf das Verhältnis von Mutter und Kind allein. Lustvolles und spielerisches Miteinander kennzeichnet Momente in Liebes- und Freundschaftsbeziehungen. Es kann sich aber auch um einen kurzen herzlichen Austausch zwischen Fremden handeln, die sich zufällig auf der Strasse begegnen. Augenblicke eines spielerischen Hin und Hers sind auch in der Schule möglich – und sie sind für das Lernen von grosser Bedeutung. Solche Momente mögen eher selten sein. Sie können auch nicht organisiert werden. Sie «passieren» – wenn die Lehrerin und wenn Pascal, um bei unserem Beispiel zu bleiben, beide offen dafür sind und sich im Gespräch über das Bild unter Umständen ein spielerisches Hin und Her entwickelt. Beide Seiten erfahren dadurch mehr über das Gegenüber, beide erfahren mehr über sich selbst. Sie bewegen sich in einer Beziehungsdimension der Gleichheit, ohne dass die Lehrerin vergisst, dass sie die Lehrerin ist und Pascal der Schüler – und ohne dass Pascal vergisst, dass er sein Bild im Kontext der Schule gemalt und ausgeschnitten hat. Ein spielerisches Hin und Her wird jedoch verunmöglicht, wenn es um eine Leistung geht, die mit einer Note bewertet wird. Sie wird verunmöglicht, wenn das Bild von Pascal mit anderen Bildern verglichen wird, wobei sich die Schüler:innen gegenseitig als Konkurrent:innen erfahren. Es macht also einen Unterschied, ob Pascals Bild als etwas ganz individuell Persönliches wahrgenommen und auch beurteilt oder ob es an einer Norm gemessen wird, die seiner Individualität nicht gerecht wird.

Momente eines spielerischen Hin und Her übersehen wir leicht, da sie scheinbar unbedeutend sind. Leichter erinnern wir uns im Erwachsenenalter an stark affektbesetzte Erlebnisse in der Kindheit. Eine produktive menschliche Entwicklung ist jedoch ohne vielfältige Erfahrungen von Gleichheit und Freiheit nicht denkbar. Momente eines spielerischen Hin und Hers in der Beziehung zwischen Eltern und Kind, zwischen den Menschen im Alltag, sind nicht die Norm. Manchmal sind sie häufig, manchmal eher selten und manchmal fehlen sie.

Das Streben nach Ungleichheit

Wir wissen alle, dass Erziehung nicht von Momenten der Affektabstimmung allein bestimmt wird. Momente der Affektabstimmung in der Eltern-Kind-Beziehung, in der Kita oder in der Schule sind nicht die Regel. Ein Vater bringt sein Kind frühmorgens in die Kita, er muss zur

Arbeit, er hat keine Zeit für ein spielerisches und lustvolles Miteinander. Eine Erzieherin im Tageshort hat gleichzeitig drei Kinder zu betreuen, im Stress gelingt es ihr nicht, immer aufmerksam und feinfühlig für die kleinkindlichen Bedürfnisse zu sein. Stern (2007) beschreibt eine junge Mutter, die zwar in der Betreuung ihres kleinen Kindes alles richtig machte, zugleich aber unfähig war, sich auf ihr Kind emotional einzustimmen. Die Säuglings- und Kleinkindforschung weist nach, wie Eltern auf dem Weg der Beziehungsgestaltung das Kind nach ihrem bewussten und vor allem auch unbewussten Bild zu formen versuchen. Der erzieherische Alltag ist geprägt von Auseinandersetzungen, in denen es auch um Macht oder die Angst vor Kontrollverlust geht.

Es gibt ein dem Gleichheitsstreben entgegengesetztes Streben nach Ungleichheit. Woher kommt dieses Streben nach Differenz? Warum wollen wir Menschen oft besser sein als andere, warum wollen wir uns immer wieder mit anderen messen? Oder auch: Warum wollen viele Menschen mehr als andere besitzen, warum wollen sich viele durch Statussymbole aller Art von anderen abgrenzen? Woher kommt das menschliche Machtstreben, das einer Sache dienen kann, das aber auch auf Kosten anderer gehen kann, die sich zu unterwerfen haben oder die ausgebeutet werden? Wie erklären wir uns, dass manche Menschen nach absoluter Freiheit streben und sich von nichts und niemandem in ihrem Freiheitsbedürfnis einschränken lassen?

Freud (1932) sprach von der angeborenen und nicht zu beseitigenden Ungleichheit der Menschen. Andere nahmen eine angeborene Gleichheit des Menschen an; die Ungleichheit war für sie gesellschaftlich bedingt, hervorgerufen zum Beispiel durch den Privatbesitz und durch die Produktionsverhältnisse. Michail Bakunin, ein russischer Anarchist des 19. Jahrhunderts, glaubte, dass der Mensch von Natur aus gut sei. Schlecht werde er durch die Ausübung von Herrschaft und Macht. Deshalb müsse Herrschaft in all ihren Formen zerstört werden. Bakunin lehnte den Staat und sämtliche Institutionen des Staates ab. Aus der für ihn schöpferischen Zerstörung der Institutionen und des Staates würde der Mensch als freies Wesen hervorgehen (vgl. Bigler 1963). Im 20. Jahrhundert war es Alexander S. Neill (1994), der eine freiheitliche «antiautoritäre» Erziehung propagierte. In der Tradition der Reformpädagogik stehend, glaubte er an die konstruktiven Kräfte des freien Menschen. Mit Freiheit befasste sich auch Burrhus F. Skinner, einer der führenden Psychologen des 20. Jahrhunderts. Eine perfekte, völlig aggressionsfreie, geschlechtergerechte und unneurotische Gesellschaft wäre technisch herstellbar, wenn man die von ihm in Tierversuchen experimentell entdeckten Regeln der Verhaltenskontrolle konsequent anwenden würde. Da das menschliche Verhalten in seinem Verständnis vollständig von äusseren, damit theoretisch kontrollierbaren Einflüssen bestimmt ist und also auch perfekt gesteuert werden könnte, wären die Menschen allerdings gerade *nicht* frei. Sie wären zwar gut, aber unfrei (Skinner 1976).

Aber «der Mensch ist gar nicht gut», so Bertolt Brecht in der «Ballade von der Unzulänglichkeit menschlichen Planens» aus der Dreigroschenoper. Das Destruktive, davon geht ein grosser Teil der modernen Sozial- und Verhaltenswissenschaften aus, ist Teil des menschlichen Wesens. Der Verhaltensforscher Konrad Lorenz (2002) beschrieb die Aggression als Trieb, der nach einem hydraulischen Prinzip funktioniert. Finde man die richtigen Ventile für die Aggression, so könnten destruktive Auswirkungen wie Kriege verhindert werden, da die Aggression in konstruktiven Kanälen abfliessen würde. Das war in den 1960er-Jahren eine äusserst populäre Theorie – die von der Verhaltensforschung und der Neurobiologie mehrfach widerlegt wurde und heute völlig überholt ist. Dass es einen angeborenen Aggressionstrieb gibt, war auch Freuds Überzeugung. Seine Überlegungen und Lösungsvorschläge waren komplexer als die von Lorenz. Was tun gegen eine Destruktivität, wie sie im Ersten Weltkrieg manifest wurde – eine Zerstörungskraft, die man sich vor dem Krieg nicht hatte vorstellen können? Man sollte, so Freud in seiner Antwort auf Albert Einsteins Frage «Warum Krieg?», die Kräfte des Eros – das heisst unter anderem alles, was die Verbundenheit fördert – dem vom Todestrieb abgeleiteten Aggressionstrieb entgegenstellen (Freud 1950). Man müsste die Vernunft fördern. Macht sollte durch jene Elite ausgeübt werden, deren Handeln der Herrschaft der Vernunft unterliege. Das erinnert an Platons Philosophenherrschaft. Freud hoffte auf die Entwicklung der Zivilisation, die eine zunehmende Verinnerlichung von Aggression mit sich bringe, was die Gewissensentwicklung stärke und dazu führe, dass immer mehr Menschen den Krieg aus einer geradezu physischen Abneigung heraus ablehnen, weil er unvernünftig und unästhetisch ist. Freud war diesbezüglich vorsichtig optimistisch. Aber er war gleichzeitig auch – kurz vor Hitlers Machtergreifung – pessimistisch. Er schätzte die Kräfte der Destruktivität, so scheint mir (vielleicht auch von seiner schweren Krebskrankheit beeinflusst), stärker ein als die des Eros. Viel zu selten sei menschliches Handeln der Herrschaft der Vernunft unterworfen. Zu viele Menschen seien unzivilisiert (Freud 1948).

Erich Fromm, der bis in die 1930er-Jahre hinein der Triebtheorie Freuds gefolgt war, nahm in «Die Furcht vor der Freiheit» von 1941 erstmals und später vor allem in seinem Hauptwerk «Die Anatomie der menschlichen Destruktivität» von 1973 eine ganz andere Position ein. Fromm distanzierte sich von Freuds Konzept, wonach menschliches Verhalten durch die direkte oder sublimierte

Befriedigung oder Nicht-Befriedigung triebhafter Bedürfnisse zu erklären sei. Für Fromm war das Schlüsselproblem die spezifische Art der Bezogenheit des Menschen zur Welt. Für Fromm gibt es einen natürlichen Antrieb, lebendig zu sein, zu wachsen und sich auf andere – auf die Welt – zu beziehen. Er sprach, analog zum freudschen Eros, von der biophilen Natur des Menschen. Aggression zum Beispiel war für ihn ursprünglich kein destruktiver Trieb im Sinne von Freud oder Lorenz, vielmehr eine an sich lebenserhaltende Disposition, um auf einen Angriff mit Aggression (oder auch mit Flucht) reagieren zu können (Fromm 1980b).[1]

Woher aber stammt die menschliche Destruktivität? Ausgangspunkt von Fromms Motivationstheorie ist die Annahme, dass wir grundsätzlich entfremdet sind, da wir den direkten und unvermittelten Bezug zur Natur verloren haben. Moderne pränatale Forschungsergebnisse stützen Fromms Konzept einer primären Entfremdung. Sie sprechen dafür, dass der Embryo zusammen mit der Mutter ein Resonanzsystem bildet und sich, so der Soziologe Hartmut Rosa (2018: 85f.), in einem «umhüllenden, tragenden und ‹bergenden› Resonanzraum» befindet. Unter durchschnittlich guten Voraussetzungen macht der Embryo vorbewusste Erfahrungen von Wärme und Austausch. Die Geburt stellt einen Unterbruch dieser Einheits- und Austauscherfahrung dar. Die primäre und existenzielle Entfremdung bestimmt nun unser Verhalten. Mehr oder weniger stark, mehr oder weniger bewusst erkennen wir, dass wir endlich und in unseren Möglichkeiten begrenzt sind. Um diese auch mit Angst und Zweifel verbundene Erfahrung, hilflos, abhängig und machtlos zu sein, kommen wir nicht herum. Sie ist Teil der «Condition Humaine». Aufgrund dieser Erfahrung entwickeln wir, was Fromm

---

[1] Für eine Einführung in die Theorie von Fromm vgl. Funk 2018.

«existenzielle Bedürfnisse» nannte. Menschen brauchen zum Beispiel einen Rahmen der Orientierung. Das kann die Religion sein oder zum Beispiel die Wissenschaft. Menschen brauchen das Gefühl, dass sie sich in Beziehungen zu anderen Menschen aufgehoben fühlen. Sie müssen das Gefühl haben, dass sie etwas bewirken können.

Fromm spricht von *produktiven* Möglichkeiten, mit denen die existenzielle Unsicherheit bewältigt werden kann. Jemand kann tiefreligiös sein und anderen Menschen zugleich mit religiöser Toleranz begegnen. Es ist eine produktive Art von Beziehung, wenn jemand den Mitmenschen offen und interessiert gegenübertritt, ohne manipulative Absicht, ohne den Anspruch, dass diese sich unterwerfen oder ihre Eigenständigkeit aufgeben. Es ist im Sinne von Fromm produktiv, wenn Menschen durch ihre Arbeit etwas bewirken wollen, ohne dass dieses Tätig-Sein in erster Linie der Instrumentalisierung, der Kontrolle und der Herrschaft über andere oder über die Natur dient. Aber es gibt, so Fromm, auch *nicht-produktive* Arten, der existenziellen Endlichkeit und Begrenztheit zu begegnen. Menschen können Macht über andere ausüben. Sie können auf Kosten anderer nach materiellem Reichtum und narzisstischer Bestätigung streben. Sie können anderen auf sadistische Weise psychisch und physisch Schmerzen zufügen. Und sie können im Extremfall andere Lebewesen vernichten wollen. Ob Menschen eine mehr produktive oder eine mehr nicht-produktive oder gar destruktive Charakterstruktur – die individuelle Charakterstruktur enthält immer sowohl produktive als auch nicht-produktive Anteile – entwickeln, hängt von der individuellen Disposition, von der Erziehung, und nicht zuletzt von den gesellschaftlichen Verhältnissen bzw. dem «Gesellschaftscharakter»[2] ab, der gemäss Fromms marxistischem

---

2 Den Gesellschaftscharakter definiert Fromm (1980a: 379) als «den wesentlichen Kern der Charakterstruktur der meisten Mitglieder einer Gruppe, wie er sich

Ansatz nicht zuletzt von den ökonomischen Verhältnissen bestimmt wird.

Die Schule muss also vom menschlichen Bedürfnis nach Ungleichheit ausgehen. Dies gilt für die Schüler:innen und für die Lehrpersonen. Wenn die Kinder in die Schule kommen, bringen sie immer auch eine vom Streben nach Ungleichheit bestimmte Charakterstruktur mit: aufgrund ihrer genetischen Anlagen, ihres Geschlechts, ihrer Erfahrungen in der Familie, in der Kindertagesstätte, mit anderen Bezugspersonen und ihrer Verwurzelung in einer spezifischen Art sozioökonomisch bestimmter Gesellschaft. Sie treffen auf andere Kinder mit einer anderen Neigung, ihr Bedürfnis nach Ungleichheit und Differenz auszudrücken und sich produktiv oder nicht-produktiv auf andere Menschen oder ein schulisches Thema einzulassen. Sie treffen auf Lehrer:innen, die ebenfalls ihre individuelle Verhaltens- und Einstellungsstruktur mitbringen – wobei ich Charakter als etwas *Dynamisches* verstehe und als eine *Disposition*, sich in zwischenmenschlichen Verhältnissen auf eine bestimmte Art zu verhalten. Die Schule ist ein Ort, an dem diese verschiedenen produktiven und nicht-produktiven Einstellungen aufeinandertreffen und in dem im besten Fall die Entwicklung im produktiven Sinn gefördert wird. Angst und Angstvermeidung, Dominanz und Unterwerfung, Wut und unterdrückte Wut, Anspruchshaltung und verweigerte Ansprüche – Konflikte aller Art sind Teil des Unterrichts, Teil des schulischen Alltags der Kinder und des Kollegiums.

Wenn Konflikte vorkommen, ist das also nicht einfach Ausdruck von misslungenem Unterricht und gescheiterter Kommunikation. Lehrpersonen müssen die *grundsätzliche* Konfliktnatur des Erziehungsprozesses anerkennen und sich vom Ideal einer konfliktfreien Schule

als Ergebnis der grundlegenden Erfahrungen und der Lebensweise dieser Gruppe entwickelt hat.»

verabschieden. Es sei eine Verarmung, schreibt Winnicott (2002: 164), wenn es im Verhältnis von Kind, Jugendlichem und Erwachsenem allzu leicht und erfolgreich gelingt, den Zusammenprall zu vermeiden. Macht ist gegeben und ein machtfreier Raum nicht vorstellbar, schreibt Andreas Hellgermann (2018: 55) im Hinblick auf die Schule. Nicht die Macht an sich ist das Problem, wichtiger ist, wie beide Seiten die Machtfrage angehen: Ob sie Machtverhältnisse durchschauen, bei anderen und bei sich selbst, wie sie darauf reagieren – mit Dominanz, mit Unterwerfung, mit gegenseitiger Anerkennung oder auch mit Anerkennung der Tatsache, dass die Interessen unter Umständen unvereinbar sind. Entscheidend ist, *wie* der Konflikt ausgetragen wird.

Das Streben danach, Ungleichheit zu überwinden

Menschen streben nach Gleichheit, so lautet die erste These. Die zweite These (die Antithese) lautet: Menschen streben auch nach Ungleichheit. Als dritte These formuliere ich: Menschen streben danach, diese Ungleichheit durch eine andere und neue Form von Gleichheit, Gegenseitigkeit und Freiheit aufzuheben. Warum lehnen sich die Studierenden auf, fragte Winnicott (2002) im Hinblick auf die 68er-Revolte? Winnicott interessierte die Revolte nicht primär als politisches, sondern als entwicklungspsychologisches Phänomen. Das Erwachsenwerden ist, so Winnicott, wie die ödipale Phase des jüngeren Kindes ein Lebensabschnitt, der von triebhafter Aggression und meist unbewussten Todeswünschen den Eltern gegenüber geprägt ist. In der unbewussten Fantasie wollen junge Männer ihre Väter umbringen. Aber es handelte sich bei der 68er-Revolte für Winnicott nicht nur um ein vorwiegend *inneres* Drama. Die jungen Männer rebellierten mit konkreten Aktionen gegen die etablierte Welt der Väter. Entscheidend ist nun, wie die Erwachsenenwelt auf die Revolte der Heranwachsenden reagiert. Die Gesellschaft der Väter – repräsentiert durch die Polizei und die Justiz – kann repressiv zurückschlagen, wie es damals meist die Regel war. Die Aggression, aber auch die für das Jugendalter charakteristische und für die gesellschaftliche Entwicklung wichtige Kreativität der jungen Menschen würden damit unter Umständen unterdrückt. Man könnte den Forderungen der Studierenden aus Schwäche nachgeben, womit sich die unbewussten Tötungsfantasien der Adoleszenten erfüllt hätten, mit nachfolgenden Schuldgefühlen. Eine der Realität nicht angemessene adoleszente Grössenfantasie würde bestätigt.

Wie also sollten sich die älteren Erwachsenen den rebellierenden Studierenden gegenüber verhalten? Im idealen Fall, so Winnicott, würden sie aufstehen und selbstbewusst ihre eigene Meinung kundtun, *ohne* mit Rache, mit Vergeltung oder mit grundsätzlicher Nicht-Anerkennung der Forderungen der Jugend zu reagieren. Die jungen Menschen in der Adoleszenz würden die Erfahrung machen, dass sie in ihrer *inneren* Welt – der Welt ihrer Fantasie – die Erwachsenen «zerstört» hätten, während diese in der *äusseren* Welt jedoch «überlebt» hätten. Die jungen Frauen und Männer würden etwas Wesentliches gelernt haben: dass es sowohl eine innere, fast unbegrenzte Welt der Fantasie als auch eine äussere, begrenzte, aber auf eigenständige Weise lebendige Welt gibt; dass die innere unbegrenzte Welt und die äussere begrenzte Realität miteinander zusammenhängen, dass diese Welten jedoch nicht gleich sind. Die jungen Menschen würden gelernt haben, dass man die äussere Wirklichkeit aktiv und kreativ, wenn auch immer nur in begrenztem Mass, beeinflussen kann.

Jessica Benjamin (1996 und 2004) übersetzte Winnicotts triebtheoretisch verstandenen Begriffe des «Zerstörens» und «Überlebens» in die Sprache einer modernen psychodynamischen Theorie, in der die Entwicklung des Selbst im Zentrum steht.[3] Um ihr Modell zu illustrieren, gehe ich vom kleinen Kind in der Phase aus, die man umgangssprachlich die Trotzphase nennt.[4] In der Phase *vor* der Trotzphase, im Alter zwischen dem 7. und 8. sowie dem 16. und 18. Monat, lebt das kleine Kind – gute Bedingungen des Aufwachsens vorausgesetzt – in einem Zustand des narzisstischen Hochgefühls. Es ist sozusagen verliebt in sich und die Welt und realisiert seine Kleinheit, Abhängigkeit und Ohnmacht noch nicht. Das ändert sich mit beginnender Fähigkeit der Selbstreflexion im Alter von eineinhalb bis zwei Jahren. Das kleine Kind macht immer wieder die schmerzhafte Erfahrung, dass es von seinen Bezugspersonen getrennt wird und sich verlassen fühlt; dass es hilflos und von den Eltern abhängig ist; dass es die Erwartungen der Aussenwelt nicht erfüllen kann; dass es auf den Willen anderer trifft, die sich dem kindlichen Wollen widersetzen. In dieser für das Kind und die Erwachsenen oft konfliktreichen Lebensphase will sich das Kind in einem absoluten Sinn der Umwelt gegenüber behaupten. Es versucht im Trotzverhalten, in seinem unbedingten Fordern, den verlorenen Zustand eines früheren Allmachtgefühls wiederherzustellen. Indem sich das Kind absolut setzt, negiert es, so Benjamin, die Möglichkeit, dass auch andere einen eigenständigen Willen haben.

Eltern, Erzieher:innen und Lehrer:innen können sich unterschiedlich verhalten. In der offen oder verdeckt repressiven Variante versuchen sie, den Willen des Kindes zu brechen, indem sie streng und unnachgiebig oder auch manipulativ erziehen und dem Kind zu verstehen geben, dass sein Wille ihrem Willen gegenüber nicht bestehen

---

3 Für eine ausführliche Zusammenfassung der modernen psychodynamischen Theorie der Intersubjektivität vgl. Crain 2011.
4 Ich folge dabei der Entwicklungsforscherin Margaret S. Mahler. Bei Mahler entspricht der Trotzphase die Phase der Wiederannäherung; vgl. Mahler et al. 2003.

darf. In einer Herr-Knecht-Beziehung besetzen die Erwachsenen die Position des Herrn oder der Herrin. Sie erkennen das Kind unter der Bedingung an, dass es sein Verlangen nach Freiheit aufgibt. Sofern die Erziehung ihr Ziel erreicht, unterwirft sich das Kind und passt sich an. Indem es sich anpasst und darauf verzichtet, ein freies Subjekt zu sein, nimmt es durch den psychischen Vorgang der Identifikation teil an der Macht und der (scheinbaren) Unabhängigkeit anderer, die mächtiger sind. Wenn sich ein Kind einer machtvollen Person unterwirft, ist es nicht allein und nicht machtlos. Aber es ist eine geborgte Stärke und bedeutet weitgehend Verzicht auf Freiheit, Neugierde, Selbstbehauptung und Entdeckungslust. Seine Ressentiments, seine Vergeltungswünsche, sein unterdrücktes Streben nach Macht, nach Freiheit und Selbstbehauptung bleiben teilweise unbewusst, äussern sich vielleicht im Versteckten oder werden Teil einer unter Umständen nie offen ausgelebten Macht- oder Gewaltfantasie. Vielleicht ergeben sich im weiteren Verlauf des Lebens aber auch Gelegenheiten, in denen die unterdrückten Bedürfnisse gewaltsam ausgelebt werden: auf Kosten von Fremden, von sozial Schwachen, von Sündenböcken aller Art.

Aber die Erwachsenen können sich dem Kind gegenüber auch als zu nachgiebig erweisen und sich vom Kind beherrschen lassen. Ich bestimme hier, sagt das Kind. «Alles, was *ich* sage, gilt. Nichts von dem gilt, was *du* willst.» Die Erwachsenen akzeptieren dieses Machtverhältnis, in dem nun das Kind die Position des Herrn oder der Herrin besetzt. Die Kinder bekommen so das Gefühl, dass sie sich den Erwachsenen gegenüber in einem fast absoluten Sinn behaupten können. Den Erwachsenen verbleibt die Position des unfreien Knechts. Auch diese Entwicklung ist höchst problematisch. Wenn sich das Kind in einem fast absoluten Sinn durchgesetzt hat, dann ist es, metaphorisch gesprochen, wie wenn es auf einen hohen Turm gestiegen wäre, von dem aus es auf alle anderen hinunterschauen kann. Das Kind hat (vielleicht nur scheinbar) grosse Macht über andere. Je grösser seine Macht ist, umso grösser ist jedoch seine Angst, dass andere seine Macht infrage stellen und bedrohen. Je grösser seine Macht ist, umso mehr ist es allein. Es ist niemand da, der das Kind auffangen könnte, wenn es aus der allzu grossen Höhe herunterfällt.

Am Beispiel des römischen Kaisers Caligula beschreibt Albert Camus (2013) die Möglichkeit, dass ein Individuum die absolute Freiheit besitzt, die zugleich eine Freiheit auf Kosten der anderen ist. Da er römischer Kaiser und damit allmächtig ist, vermag er mit absoluter Willkür zu herrschen. Caligula manipuliert, erniedrigt und ermordet andere, wie es ihm beliebt. Zugleich ist er vollkommen einsam. Das wiederum lässt ihn noch paranoider werden – bis er schliesslich selbst ermordet wird. Caligula – das gleichnamige Theaterstück wurde in der ersten Fassung 1939 beendet – stand stellvertretend sowohl für Hitler als auch für Stalin. Die Figur des Caligula versinnbildlicht die Korruption durch Macht und ein pathologisches Streben nach absoluter Freiheit.

Was bedeutet das für die Schule? Zwischenmenschliche Konflikte können produktiv gelöst werden. Im optimalen Fall setzen die Lehrpersonen dem Kind im Konflikt ihren eigenen Willen entgegen, ohne dass sie den Willen des Kindes brechen und sein Bedürfnis nach Freiheit und Selbstbehauptung unterdrücken. Im optimalen Fall bleibt die Lehrerin, konfrontiert mit dem Trotzanfall eines Schülers, ruhig und behält auch in der eventuellen Wut auf ihn ein Gefühl für dessen Würde, Eigenständigkeit und Bedürfnis nach Freiheit. In diesem Fall «überlebt» die Lehrerin, metaphorisch gesprochen, die «Zerstörung» durch den Schüler. Dieser erkennt, dass seine Lehrerin ein lebendiges und eigenständiges Subjekt ist und dass sie ihrerseits das Subjektsein des Schülers anerkennt. Der Schüler lernt, dass er eine innere Welt besitzt und dass es eine äussere Welt gibt, die sich seiner fantasierten inneren Welt nicht unterwirft. Erst dadurch kommt im optimalen Fall eine Beziehung zustande, in der *beide* Seiten Subjekte sind. Erst dadurch fühlt sich ein Kind nicht nur als Subjekt anerkannt, sondern auch aufgehoben und als Teil einer Beziehung, die ihm ein Gefühl von Sicherheit vermittelt.

Wenn Kinder also trotzen, wenn sie Widerstand leisten, wenn sie unfolgsam sind, wenn sie Grenzen testen und Grenzen überschreiten wollen, so können wir dieses Verhalten hypothetisch auch als Ausdruck der (vielleicht ganz unbewussten) Hoffnung interpretieren, dass das Gegenüber sich nicht «zerstören» lässt; dass damit eine neue Form der Gleichheit erreicht wird, die Gegenseitigkeit und nicht zuletzt auch Sicherheit ermöglicht. Es ist dies eine andere Form der Gleichheit als jene, die ich im Zusammenhang mit der Affektabstimmung am Mutter-Kind-Beispiel vorgestellt habe. Die hier beschriebene Beziehung ist fragiler. Der Konflikt ist nie endgültig gelöst. Wieder und wieder und manchmal kaum merkbar unterwerfen wir andere unserer selbstbehauptenden Fantasie: «Ich will, dass du so bist, wie ich mir das vorstelle.» Die Theorie müsse sich, so Benjamin (1996: 39), «dem Problem stellen, dass (das Subjekt) grundlegende Schwierigkeiten hat, andere als gleichwertige Zentren individueller Erfahrung anzuerkennen». Immer wieder machen wir im optimalen Fall jedoch die Erfahrung, dass der oder die andere ein eigenständiges und lebendiges Subjekt mit einem eigenen Willen ist. Immer wieder machen wir die Erfahrung, dass sich die äussere Welt der inneren Welt der Fantasie *nicht* unterwirft. Erst dadurch wird sie wirklich lebendig. Erst dadurch wird eine Beziehung möglich, in der beide Seiten frei sind.

2. Die Schule als Freiheits- und Begegnungsraum

Die innere Welt des Kindes entwickelt sich im Austausch mit anderen Menschen

Es geht in der Schule nicht nur um sachbezogenes Lernen. Die Schule ist immer ein Beziehungsraum. In diesem Beziehungsraum findet soziales und affektives Lernen statt. In diesem Beziehungsraum verändert sich die innere Welt eines Kindes. Sie entwickelt sich, sie wird im optimalen Fall differenzierter und sie wird bereichert. Die innere Welt der Schüler:innen kann aber auch auf zu wenig Resonanz stossen; sie bekommt dann keine Nahrung und verarmt. Und die innere Welt kann beschädigt werden, wenn junge Menschen herabgesetzt, abgewertet, verächtlich gemacht, wenn sie gemobbt werden oder Opfer von Gewalt und Missbrauch werden.

Man spricht in der Entwicklungspsychologie von «affektiver Kompetenz» und schreibt diese oft bereits den Säuglingen und Kleinkindern zu – als wären Angst, Wut, Trauer, Freude, Ekel, Schuld oder Scham Affekte, die wie von selbst entstehen bzw. schon bei der Geburt vollständig vorhanden sind. Die moderne Forschung[5] zeigt jedoch, dass die innere Welt eines Kindes immer auch im Austausch mit den wichtigen Bezugspersonen eines Kindes entsteht. Die Forschung weist im Weiteren darauf hin, dass uns die innere Welt nur teilweise bewusst ist und dass wir uns immer nur unvollständig in die innere Welt anderer Menschen hineinversetzen können. Die innere Welt entwickelt sich zudem ein Leben lang. Die Entwicklung ist nie abgeschlossen – traumatische Erlebnisse, grosser Stress,

---

5 So unter anderem die moderne Bindungsforschung, die psychoanalytische Baby- und Kleinkindforschung oder die Hirnforschung (vgl. Fonagy 2003; Crain 2007 und 2011).

Depressionen und Burn-out können im negativen Fall den Zugang zur eigenen inneren Welt und zur inneren Welt der anderen zeitweise oder dauerhaft verschliessen. Aber auch der positive Fall ist denkbar: Auch schwerere Formen von Traumatisierung können durch mitmenschliche Begegnungen, zum Beispiel im Rahmen einer Psychotherapie, zwar nicht ungeschehen gemacht, jedoch wenigstens teilweise geheilt werden.

Affektive Bildung, Mentalisierung und «reflexive Kompetenz»

Ich illustriere den Begriff der affektiven Bildung mit einem Exkurs in die moderne Entwicklungspsychologie. Was geschieht – um ein Beispiel aus dem Alltag zu nehmen – wenn ein kleiner Junge vor dem Besuch bei der Kinderärztin Angst vor der Spritze bekundet? Die Mutter, die das Kind begleitet, spielt das Problem vielleicht herunter oder sie ermahnt ihren Sohn, tapfer zu sein «wie ein Mann». Das Kind entwickelt entsprechende Anpassungsmechanismen, es lernt zum Beispiel, seine Angst zu unterdrücken. Es fühlt sich jedoch in seinen Gefühlen von der Mutter nicht wirklich wahr- und ernst genommen. Es könnte aber auch sein, dass sich die Mutter von der Angst ihres Kindes anstecken lässt, dass sie selbst eine irrationale Angst entwickelt, sodass jetzt Mutter *und* Sohn Angst empfinden und die Angst sich gegenseitig hochschaukelt. Das Kind weiss nicht, was nun *seine* Angst und was die Angst der Mutter ist. Die Mutter könnte jedoch – das ist eine dritte Variante – die Angst des Kindes spiegeln, indem sie den Affekt des Kindes anerkennt und dies in ihrer Mimik und mit Worten wiedergibt: «Ich weiss, du hast Angst.» Zugleich gibt sie dem Kind mit ihrem Tonfall und mit ihrer Mimik zu verstehen, dass sie die Angst des Kindes zwar versteht, dass sie selbst jedoch keine Angst empfindet. Sie nimmt die Angst des Kindes sozusagen in sich auf – die

Psychologie spricht von einem *Containment* –, begrenzt sie dadurch und gibt ihr eine Form, auch indem sie sie benennt. Die Angst des kleinen Jungen verschwindet nicht vollständig. Aber der kleine Junge wird mit ihr nicht allein gelassen. Er lernt sie mithilfe seiner Mutter zu dämpfen, das heisst zu regulieren. Empirische Untersuchungen zeigen, dass sich kleine Kinder schneller beruhigen, wenn sich die Mütter (die man hier untersuchte) so verhalten (Fonagy et al. 2004: 44).

Der Aufbau einer inneren Welt – der Prozess der *Mentalisierung* – geht ein Leben lang weiter. Die Schule als Ort der affektiven Bildung vermag die innere Welt der Schüler:innen anzusprechen, sie vermag sie im besten Fall zu bereichern. Sie vermag die Schüler:innen insbesondere in ihren reflexiven Fähigkeiten (ebd.) zu stärken, das heisst in ihrem Vermögen, das eigene Verhalten als Ergebnis von eigenen Absichten und Affekten zu interpretieren, sodass sie sich als *intentional* erfahren. Wenn wir über reflexive Fähigkeiten verfügen, dann sind wir zugleich in der Lage, auch das Verhalten *anderer* als Ergebnis von Absichten und Affekten zu interpretieren. Was einen anderen Menschen wirklich antreibt, wissen wir allerdings nie sicher. Verfüge ich jedoch über reflexive Fähigkeiten, dann vermag ich mit verschiedenen Möglichkeiten von Interpretation zu spielen. Ein Jugendlicher wird zum Beispiel von einem anderen gestossen. Warum hat der andere dies getan? Verfügt der Jugendliche über reflexive Fähigkeiten, so gehen ihm verschiedene Möglichkeiten durch den Kopf. War es Absicht? War es unbeabsichtigt? Wollte der andere ihm wehtun, wollte er ihn zu einem Streit provozieren? War es seine Art, auf etwas ungeschickte Art und Weise, Aufmerksamkeit zu erzwingen? War es ein freundschaftlicher Schubs, der etwas zu stark geraten ist? Reflexive Fähigkeiten bilden einen wichtigen Filter, der die eigene Reaktion mitbestimmt. Vielleicht reagiert der Jugendliche gar nicht.

Vielleicht weist er den anderen gelassen zurück und lässt sich nicht provozieren. Oder er holt sich Hilfe. Aber er reagiert nicht automatisch. Er schlägt zum Beispiel nicht ungehemmt drein.

Lehrer:innen unterrichten auch Kinder, die in ihrer Mentalisierung beeinträchtigt sind und die über keine oder nur geringe reflexive Fähigkeiten verfügen. Sie unterrichten Kinder, die sozusagen automatisch, das heisst ohne den reflexiven Filter, reagieren, die ausrasten, dreinschlagen, verzweifelt sind, davonlaufen, die nicht in der Lage sind, sich selbst als intentional wahrzunehmen und andere in ihrer inneren Welt zu verstehen. Die Schule muss auf diese affektiven und reflexiven Schwächen reagieren.[6] Ein guter Unterricht zeichnet sich dadurch aus, dass die Lehrerin sich dessen bewusst ist, dass sie sich in das verzweifelte, angstgetriebene, aggressive, unruhige oder hochgradig impulsive Kind hineinzuversetzen sucht, so gut sie dies kann. Welches die *wirklichen* Intentionen eines Kindes sind, das sich der eigenen Intentionen selbst ja oft gar nicht bewusst ist, weiss sie nicht und kann sie auch nicht wissen. Aber sie vermag mit den Möglichkeiten zu spielen, wie es sein *könnte*. Sie vermag für sich – und optimalerweise im Austausch mit anderen im Rahmen einer Teambesprechung, einer Inter- oder Supervision – Hypothesen zu entwerfen. Sie vermittelt damit dem Kind eine wichtige Erfahrung: dass es als ein intentionales Wesen, als eine Person mit einer eigenen inneren Welt von Absichten, Gedanken und Affekten wahrgenommen und anerkannt wird. Indem sie ruhig bleibt und sich – metaphorisch gesprochen – nicht «zerstören» lässt, stellt sie für das Kind zudem ein *Containment* dar.

Affektive und reflexive Fähigkeiten sind für das schulische und nachschulische Leben von grösster Bedeutung,

---

6 Eine ausführliche Diskussion zur Arbeit mit Kindern, die in ihrer Reflexionsfähigkeit beeinträchtigt sind, findet sich in Crain 2016c.

wenn das Ziel der Schule nicht einfach die blosse Anpassung an die gesellschaftlich-ökonomischen Anforderungen der nachschulischen Welt sein soll. Schule als Ort der Bildung, wie ich sie verstehe, hat viel damit zu tun, dass Kinder lernen, mit Möglichkeiten zu spielen. Wie sonst sollen sie sich in einer hochkomplexen modernen Welt zurechtfinden? Wie sonst sollen sie sich in andere Menschen hineinversetzen, die ihnen teilweise fremd sind? Wie sonst sollen sie erkennen, dass jemand unter Umständen in Not ist? Wie sonst sollen sie andere Menschen als gleich und zugleich als eigenständig anders erleben? Wie sonst sollen sie lernen, sich in zwischenmenschlichen Konflikten so konstruktiv wie möglich zu verhalten? Die Schule muss diesem sozialen und affektiven Lernziel ein grosses Gewicht geben. Aber dieses Lernziel kann nicht technisch vermittelt und realisiert werden. Es handelt sich nicht um eine «Kompetenz», die gelernt, getestet und abgefragt werden kann. Reflexive Fähigkeiten entwickeln sich in einem komplexen Beziehungsprozess, an dem immer sowohl die Schüler:innen als auch die Lehrpersonen beteiligt sind.

Zur Bedeutung von Reflexion und
Empathie der Lehrpersonen
Die Lehrer:innen müssen also selbst affektive und reflexive Fähigkeiten haben. Wenn sie in der Lage sind, mit Möglichkeiten zu spielen und Hypothesen zu entwickeln, dann ist das kein Psychologisieren. Wenn jemand psychologisiert, schiebt er oder sie eine Deutung zwischen sich und das Kind, nimmt sich heraus und verortet das Problem ganz im Kind (oder bei dessen Angehörigen oder in dessen scheinbar ganz anderer und fremder «Kultur»). Diagnosen wie das ADHS oder die Autismus-Spektrum-Störung (ASS) dienen unter Umständen der emotionalen Distanzierung und damit der Abwehr. Diagnosen dieser Art können dazu führen, dass sich die Lehrperson nicht

in das innere Erleben des Kindes, das ihr fremd ist und sie vielleicht ängstigt, hineinzuversetzen versucht. Das Kind als Träger einer Krankheit oder Störung steht ihr als etwas *ganz anderes* gegenüber. Die Lehrperson betrachtet das Kind im Extremfall als ein blosses Objekt, von dessen innerer und «kranker» Welt sie nichts wissen kann. Je mehr überfordert jemand ist, vor allem in Angst- und Stresssituationen, desto eher misslingt der Zugang zur inneren Welt – der eigenen und der des Kindes. Wird ein Lehrer von einem Jugendlichen physisch bedroht, gelingt es ihm unter Umständen nicht, diesen Jugendlichen als intentional wahrzunehmen. Der Jugendliche ist nicht mehr ein Mensch, der wie der Lehrer selbst vielleicht Angst hat, der sich vielleicht selbst bedroht fühlt, der sein im Grunde schwaches Selbstgefühl durch Gewalt stabilisieren will, der vielleicht verzweifelt ist, ohne sich dieser Verzweiflung bewusst zu sein. Er ist im Erleben des Lehrers nur ein bedrohlicher Körper. Wenn der Lehrer diesen Jugendlichen jedoch in seiner inneren Welt nicht mehr zu verstehen versucht, bedeutet dies für den Jugendlichen unter Umständen eine tiefe Kränkung. Und es lässt auch die Lehrperson letztlich leer und unbefriedigt zurück.

Wie wichtig die Fähigkeit, mit Möglichkeiten zu spielen, ist, will ich an einem Beispiel aus der Sozialpädagogik erläutern.[7] In einer Intervisionsgruppe berichtete eine Sozialpädagogin, die in einer Wohngruppe für Erwachsene mit einer kognitiven Behinderung arbeitete, von Herrn M. Herr M., 30 Jahre alt, hatte eine spastische Parese, die ihn zwang, auf Zehenspitzen im Trippelgang zu gehen. Er konnte sich sprachlich kaum ausdrücken und verstand nur einfachste Begriffe. Der Sozialpädagogin war oft ganz unklar, was Herr M. sagen wollte. Sie hatte den Eindruck, sie sei für Herrn M. völlig

---

[7] Das Beispiel stammt von Datler 2004.

bedeutungslos. Beim Spaziergang ging er jeweils ein paar Schritte vor der Sozialpädagogin und blieb jeweils nur stehen, wenn man eine Strasse überqueren musste. Die Sozialpädagogin fühlte sich entwertet und hilflos. Die Intervisionsgruppe bildete einen geschützten Raum, in dem die Teilnehmenden ihre Gedanken, Fantasien und Gefühle äussern konnten. Einige empfanden Wut bei der Vorstellung, wie viel Aufmerksamkeit Herr M. von der Sozialpädagogin beanspruchte. Die Assoziationen wurden immer vielfältiger und im Verlauf des Austauschs erinnerte sich die Sozialpädagogin an verschiedene Gegebenheiten, in denen sie für Herrn M. auch positive Gefühle empfunden hatte. Jemand äusserte die Idee, dass Herr M. sich wie ein Schulkind vorkommen könnte, das beim gemeinsamen Spaziergang vorausgehen möchte, um seine Unabhängigkeit zu beweisen und in dieser Unabhängigkeit von der Sozialpädagogin anerkannt zu werden. Durch die Intervision wurden bei der Sozialpädagogin festgefahrene Bilder von Herrn M. aufgebrochen. Ob die Vermutungen jeweils zutrafen, liess sich nicht überprüfen. Herr M. wurde jedoch zugewandter und emotional freier, je offener die Sozialpädagogin wurde. Ihre gegenseitige Beziehung veränderte sich. Aber ein Beweis war das nicht. Es war nicht «evidenzbasiert». Es war nur plausibel und von der Theorie her nachvollziehbar.

Kinder brauchen Geschichten
Kinder brauchen Märchen, schrieb Bruno Bettelheim (2000). Märchen sind für die Entwicklung der inneren Welt von grosser Wichtigkeit, wobei ich ergänzen möchte: Kinder brauchen Erwachsene, die Märchen erzählen können. In der Psychologie unterscheidet man zwei Modalitäten, wie Kinder zur Realität stehen (vgl. ausführlich Crain 2007). Im *Modus der psychischen Äquivalenz* erlebt das Kind die Wirklichkeit so, wie sie sich

ihm präsentiert. Das kleine Kind vermag noch nicht mit Möglichkeiten zu spielen. Es ist noch nicht so weit, dass es seine Umwelt betrachtet und weiss, dass sich eine andere Wirklichkeit dahinter verbergen könnte.[8] Mit der Zeit lernen die Kinder, die Welt auch im *Modus des Als-ob* zu erfahren. Sie sind jetzt in der Lage, im Märchen Hexen und bösen Stiefmüttern, Monstern und Riesen zu begegnen und im optimalen Fall zu wissen, dass es diese Monster und Hexen in der Wirklichkeit nicht gibt.

Das Märchen erzählt dabei nicht nur von einer Welt, die lieblich, liebevoll und gut ist. Im Märchen kommen auch das Unheimliche, das Böse und das Gefahrvolle vor. Kinder lernen, dass es eine Welt der Imagination und dass es eine wirkliche Welt gibt. Sie lernen, dass sie in der Fantasie gefahrlos mit den schwierigen Schattenseiten des Lebens leben können, weil es daneben die Welt gibt, in der sie auf sicherem Boden stehen. Und wenn ein Kind sieht, wie Gretel und Hänsel die Hexe in den Ofen bugsieren, dann lernt es auch, wie man die Angst aushalten und bewältigen kann.

Märchen – Geschichten – sind von grosser Bedeutung für die Entwicklung der inneren Welt. Aber das setzt voraus, dass die Lehrerin, die ein Märchen erzählt, selbst in die innere Welt des Märchens eintauchen kann *und* dass sie in ihrem Erzählen fest und sicher in der äusseren Wirklichkeit verankert ist. Das erzählte Märchen ist beides: Es repräsentiert die innere und zugleich die äussere Realität. Das erzählte Märchen gehört deshalb zu jenem Bereich, den man den intermediären nennt (Winnicott 2002). Wie aber vermittelt die Lehrerin den Kindern diesen beidseitigen Bezug? Indem sie lebendig erzählt und zugleich zu verstehen gibt: «Es ist nur ein Märchen.» Sie

---

8 Auch Erwachsene können die Welt im Modus der psychischen Äquivalenz erleben. Jemand mag zwanghaft vor dem Schlafengehen immer wieder unters Bett schauen und eigentlich wissen, dass sich niemand darunter versteckt; die psychische Wirklichkeit setzt sich jedoch durch.

tut dies, indem sie vielleicht vorliest, statt frei zu erzählen. Sie tut es, wenn sie frei erzählt, indem sie mit der Stimme, mit der Mimik das Märchenhafte hervorhebt. Oder sie tut es, indem sie die Bilder des Buches herumzeigt, womit der Als-ob-Charakter der Geschichte betont wird. Für Kinder, die zu Hause Märchen gehört haben und die über eine reiche innere Welt verfügen, ist das Märchen, das in der Schule erzählt wird, etwas, das ihre innere Welt zusätzlich bereichert. Aber natürlich geht es nicht nur um Märchen in einem engeren Sinn. Das Gleiche gilt für das Fach Geschichte oder es gilt für Erzählungen, für Dramen, Romane und Gedichte in der Literatur.

Manche Schüler:innen haben wenig oder keinen Zugang zur inneren Welt der Märchen, der Erzählungen, Dramen und Romane. Wenn Kinder unter Umständen aufgewachsen sind, die durch Missbrauch, Gewalt oder Vernachlässigung gekennzeichnet waren, konnten sie oft keine reiche innere Welt entwickeln. Wenn ein Kind von seinen nächsten Bezugspersonen immer wieder bedroht und vielleicht geschlagen wurde, kann es sich oft nicht oder nur schwer in die innere Welt eines anderen hineinversetzen. Zu bedrohlich ist, was es dort an Wut, Hass oder auch Angst und Verzweiflung wahrnehmen würde. Viele Kinder wachsen heute zudem ohne erzählte Märchen auf. Allzu früh bekommen sie Gelegenheit zu *gamen* und Spiele zu spielen, die unter Umständen oft voller Brutalität sind. Gerade Kinder aber, die den märchenhaften Zugang *nicht* gelernt haben, benötigen Märchen in besonderem Masse. Die Lehrerin muss wissen, dass für diese Kinder Märchenbilder als Repräsentanten der inneren Welt oft bedrohlich sind; dass manche Kinder vielleicht nie gelernt haben, sich mit inneren Bildern zu befassen, weil ihnen das niemand vermittelt hat. Es braucht viel Geduld und Zeit. Und vielleicht, wenn ein Kind mit Unruhe oder Ängstlichkeit reagiert, auch ein entsprechendes *Containment*. Die

Lehrerin muss ein Kind vielleicht beim Erzählen in ihre Nähe nehmen und ihm so Sicherheit geben.

Das Beispiel des Märchens zeigt: Die Schule kann die innere Welt der Schüler:innen bereichern. Darum sind Bildnerisches Gestalten, sind Musik, Geschichte und Literatur so wichtige Themen- und Fachbereiche im schulischen Unterricht. Wie ich im Folgenden zeigen möchte: Auch andere Fächer und Themenbereiche – die Naturwissenschaften, die Mathematik, der Erwerb einer Fremdsprache zum Beispiel – können für die innere Welt der Kinder und Jugendlichen bedeutsam werden.

Ausbildung und Bildung

Die Schule muss auf das nachschulische Leben vorbereiten, indem sie Kenntnisse und Fertigkeiten vermittelt, die jetzt und später nützlich sind. Sie muss Stoff, sie muss Grundlagen- und Überblickswissen vermitteln. Dies gilt für alle Schüler:innen in gleicher Weise; insofern gehört dieser Aspekt des schulischen Lernens – die *Ausbildung* – in eine Kategorie des Allgemeinen. Die Schule ist aber auch ein Ort der Bildung und dieser Aspekt gehört in die Kategorie des Individuellen, denn jede Schülerin und jeder Schüler setzt sich auf eigene und unverwechselbare Art mit dem Lernstoff auseinander. Schule ist im Fall der Ausbildung wie der Bildung ein Ort der Beziehung. Und schliesslich ist sie immer auch ein Ort, an dem erzogen wird. Wer Schule gibt, lässt sich auf Beziehung *und* auf Erziehung ein, ob er oder sie sich dessen bewusst ist oder nicht.

Was ist Ausbildung, was ist Bildung? Wenn ein Schüler im Unterricht rechnet und sich anstrengt, um eine gute oder mindestens genügende Note zu bekommen oder weil er weiss, dass gewisse rechnerische Fertigkeiten später nützlich sind, dann erfüllt der Unterricht sein Minimalziel auf der Ebene der Ausbildung. Wenn der Schüler durch Anstrengung und durch seinen Willen, sich mit einem vielleicht oft sperrigen Gegenstand auseinanderzusetzen, über diesen Punkt hinauskommt, werden Zahlen, Formeln und Gleichungen für ihn persönlich bedeutsam. Der Schüler möchte jetzt dem Geheimnis der Mathematik auf den Grund gehen. Er versteht Mathematik immer besser. Er erreicht unter Umständen immer wieder einen Punkt, da er etwas *nicht* versteht und es trotzdem verstehen möchte. In diesem Fall – in diesem Moment – wird Ausbildung in Bildung transformiert.

Es gibt aber keine Bildung ohne Ausbildung. Eine Schülerin muss sich mit einer chemischen Formel auseinandersetzen, sie liest eine Erzählung, sie schreibt einen Aufsatz zu einem bestimmten Thema oder sie lernt eine Fremdsprache. Sie steht im idealen Fall ihrem Lerngegenstand – gleich wie der Schüler im obigen Beispiel – nicht fremd und sachlich-distanziert gegenüber, sondern sie lässt sich von ihm berühren. Ein bestimmtes schulisches Thema interessiert sie. Sie weiss aber auch: Wenn die Fremdsprache für sie persönlich bedeutsam werden soll, müssen Wörter auswendig gelernt und grammatikalische Zusammenhänge begriffen werden. Das kann anstrengend und aufwendig sein. Lernen ist nur selten ein spielerisches, lustvolles Lernen; nur selten geschieht Lernen von leichter Hand. Ein Musikinstrument beherrscht man nur, wenn man unablässig übt. Lernen heisst üben, dranbleiben, Lernen heisst: Widerstand aushalten.

Die Schule als Begegnungsraum

Neben der Eigenleistung der Schüler:innnen ist es vor allem die Beziehung zwischen ihnen und der Lehrperson, die für den Prozess des Lernens entscheidend ist. Die Begegnung mit einem Gegenstand des Lernens setzt ein zwischenmenschliches Verhältnis zwischen den Kindern und Jugendlichen und ihrer Lehrerin, ihrem Lehrer, einer anderen Fachperson voraus, die auf das Kind antworten, sich selbst berühren lassen und Anteil nehmen; die anregen, Stellung beziehen und auch Widerspruch provozieren; die diesen aushalten, ihrerseits Widerstand leisten und dadurch eine Reibungsfläche ermöglichen. Die Lehrpersonen sind dabei überzeugt, dass sie die Kinder erreichen können. Ihre Erwartung an die eigene Selbstwirksamkeit ist von grösster Bedeutung. Wenn Lehrer:innen resigniert der Überzeugung sind, dass sie die jungen Menschen nicht erreichen, sinken deren Schulleistungen signifikant (Rosa 2018: 274). Es handelt sich dabei auch um *kollektive* Erwartungen der Selbstwirksamkeit, was belegt, wie wichtig das Kollegium, die Einstellungen im Kollegium oder die Qualität der Leitung der Schule sind.

In einer Schule, die sich als Begegnungs- und Beziehungsraum versteht, haben Kooperation und Teamarbeit deshalb einen hohen Stellenwert. Es geht dabei nicht einfach um den Erwerb einer sozialen Kompetenz der Kinder, die wir uns als eine von gesellschaftlichen Gegebenheiten unabhängige Eigenschaft denken können. Kinder und Erwachsene lernen, sich auf andere einzulassen und sich mit anderen auseinanderzusetzen. Sie lernen, sich konstruktiv in Konflikten zu verhalten, einen Konsens zu finden oder einen Dissens auszuhalten. Sie entwickeln eine immer grössere Empathie, sie verbessern ihre reflexiven Fähigkeiten, ihr Mitgefühl und ihre Bereitschaft und Fähigkeit, sich kooperativ und solidarisch zu verhalten.

Bildung und Emanzipation

Bildung ist nicht etwas Freischwebendes. Bildung gehört nicht in einen irgendwie abgesonderten Unterrichtsbereich, in eine Ethikstunde oder in die gestalterischen oder musikalischen Fächer. Der gesamte Bereich der Ausbildung kann in Bildung transformiert werden. Bildung, so verstanden, umfasst jene Momente, da ein Thema, eine Fragestellung, eine Aufgabe für eine Schülerin oder einen Schüler eine ganz persönliche Bedeutung bekommt und damit selbst in etwas Neues und Besonderes verwandelt wird. Wenn sich eine Schülerin nun auf ihre persönliche Weise mit einem Gegenstand des Lernens und des Interesses auseinandersetzt, dann lernt sie damit auch genau hinzuschauen, zu prüfen und Meinungen und Fakten zu unterscheiden. Vielleicht erkennt sie unter anderem immer besser, was Machtverhältnisse sind, wie Macht entsteht und wie sie sich legitimiert. Sie lernt, Verhältnisse kritisch zu sehen. Sie lernt, dass man die Welt nicht nur immer besser verstehen und interpretieren, sondern dass man sie auch verändern und in diesem Akt der Veränderung wiederum besser verstehen kann. Sie lernt, dass sie die Welt nicht aus einem Gefühl der Passivität und der Ohnmacht heraus akzeptieren muss.

Bildung hat also auch einen subversiven Charakter, da sie junge Menschen befähigt, das Bestehende nicht einfach hinzunehmen. Wenn die Schule ein Ort der Bildung ist, dann erfüllt sie damit eine emanzipatorische Funktion, das heisst, sie vergrössert das Gefühl der individuellen Freiheit der Lernenden. Das kann – vor allem in der Adoleszenz – das Gefühl einer fast absoluten Freiheit sein, gepaart mit der Überzeugung der Jungen, alles besser zu wissen als andere (und insbesondere als die Älteren) und die Welt dem eigenen Willen in geradezu unbeschränkter Weise unterwerfen zu können. Aufgabe der Älteren ist es, so Winnicott, zuzulassen, dass die Jungen die Gesellschaft verändern und die Älteren lehren, die Welt neu zu sehen. Aber wo die Heranwachsenden die Alten herausfordern, sollten die Erwachsenen der Herausforderung mit ihrer eigenen Stimme und ihrem eigenen Willen begegnen. Und er fügt hinzu, das sei «sicher nicht immer eine reine Freude» (Winnicott 2002: 169).

Schüler:innen müssen sich also mit der Autorität der Lehrpersonen auseinandersetzen. Im Dokumentarfilm «Rhythm Is It!» von 2004 wird gezeigt, wie Berliner Jugendliche einen Tanz zu Strawinskys «Sacre du Printemps» einüben. Die Jugendlichen stammen vielfach aus bildungsferneren Familien. Sie zeigen anfangs wenig Engagement, sind oft unkonzentriert, albern herum und sehen den Sinn des Unternehmens nicht wirklich ein. Eine Lehrerin regt an, die Übung abzubrechen. Der energische und von der Sache überzeugte englische Ballettmeister lässt jedoch nicht locker. Andere Lehrpersonen wollen ebenfalls nicht aufgeben. Es ist eindrücklich, im Film zu verfolgen, wie von einem bestimmten Punkt an alles anders wird. Plötzlich sind die Jugendlichen mit voller Konzentration dabei. Sie eignen sich den Raum, die Musik und die Bewegungen an. Der Tanz ist zu ihrem *eigenen* Bildungsprojekt geworden; der Raum, den sie jetzt aktiv gestalten, wird zu einem Begegnungs- und Bildungsraum, in dem sie ein Gefühl von Freiheit im Sinne der Selbstermächtigung erfahren. Die Aufführung wird zu einem grossen Erfolg.

Schule als Resonanzraum

Mit Winnicott können wir von einem intermediären Raum sprechen, wenn die innere Welt der Kinder oder die innere Welt der Berliner Jugendlichen einer äusseren Realität von Worten, Zahlen, Formeln, Daten, Bewegungsmustern oder Musikklängen begegnet und etwas Neues daraus entsteht. Die Jugendlichen in «Rhythm Is It!» haben sich ein Stück Welt angeeignet, ohne diese primär kontrollieren und beherrschen zu wollen. Der Soziologe Hartmut Rosa spricht – in seinem Ansatz Winnicotts Konzept des Intermediären ähnlich – von Resonanzbeziehungen. Was meint er damit? Unter einer Resonanzbeziehung versteht er ein «dynamisches Interaktionsgeschehen zwischen Subjekt und Welt» (Rosa 2018: 55), das mit einem Gefühl der

Selbstwirksamkeit und der Verbundenheit mit einer anderen Person, einer Tätigkeit oder mit der Natur verknüpft ist. Es ist eine antwortende Beziehung, denn das andere – oder die andere oder der andere – berührt uns innerlich und antwortet damit auf uns. Aber wir haben dieses andere nie auf sicher. Immer ist da ein Element des Unverfügbaren, Nichtbeherrschbaren, Nichtkontrollierbaren und Widerständigen (ebd.: 278). Wir sind empathisch, können uns also in eine andere Person hineinversetzen, die andere Person ist uns wichtig und emotional nahe, zugleich aber wissen wir, dass sie uns letztlich unverfügbar ist. Immer hoffen wir, dass diese Fremdheit überwunden werden kann. Zugleich erfahren und wissen wir, dass dies nicht möglich ist.

Die spielerische, auf Gleichheit und Differenz sowie auf Freiheit angelegte Mutter-Kind-Beziehung, die ich im 1. Kapitel vorgestellt habe, ist ein Beispiel für eine Resonanzbeziehung. Ohne ein Mindestmass an zwischenmenschlicher Gegenseitigkeit und liebevoller Anerkennung, ohne Erfahrungen der Affektabstimmung verkümmert ein Kind; im Extremfall ist es nicht lebensfähig. Aber nicht nur in der frühen Kindheit sind wir auf Resonanzerfahrungen angewiesen. Resonanzbeziehungen sind für das seelische Erleben und damit für die psychische Gesundheit unerlässlich. Fehlen solche Erfahrungen in der frühen Kindheit, schadet dies der emotionalen und sozialen Entwicklung. Fehlen sie im späteren Leben, so leiden Menschen unter dem Gefühl, in einer Welt zu leben, die stumm ist, die nicht antwortet und die sie nicht als lebendig erfahren.

Resonanzerfahrungen sind auch in der Schule unerlässlich, wenn Lernen ein lebendiger Prozess der Auseinandersetzung mit einem Stoff sein soll. Resonanzbeziehungen stärken, wie wir am Beispiel der Affektabstimmung gesehen haben, das Gefühl der Selbstwirksamkeit – es kann eine mit Liebe verrichtete Arbeit sein, ein lustvolles

Miteinander mit Kolleg:innen in der Klasse. Es kann eine berührende Naturerfahrung auf einem Schulausflug sein. Wenn ich von der Schule in idealem Sinn als Begegnungsraum spreche, dann meine ich damit also nicht nur, dass sich Lernende und Lehrpersonen auf wertschätzende, respektvolle Weise begegnen. Es geht nicht nur um Kooperation, Teamarbeit, Empathie und gegenseitiges Mitgefühl. Wenn ich die Schule als einen Begegnungsraum verstehe, dann meine ich damit auch die engagierte und unter Umständen mühsame Auseinandersetzung der Schüler:innen mit einem vielleicht sperrigen und schwer zugänglichen Gegenstand des Lernens, wobei im optimalen Fall beide Seiten – die Lernenden und der «Lerngegenstand» – im Lernprozess verwandelt werden: Eine Schülerin wird durch die Auseinandersetzung mit einem Thema im optimalen Fall bereichert und dadurch wird sie eine andere. Das Gleiche trifft auf den «Lerngegenstand» zu, der im Prozess der Auseinandersetzung mit der Schülerin seine Qualität verändert. Der «Gegenstand» des Lernens – ein literarischer Text, eine mathematische Aufgabe, ein Bild, über das in der Klasse diskutiert wird – ist in diesem Moment der Begegnung kein blosses Objekt, kein lebloser Gegenstand mehr.

Lehrpersonen müssen dabei anerkennen, dass Resonanzerfahrungen nicht organisiert werden können. Resonanzerfahrungen enthalten immer das Element des Spontanen. Sie können nicht gemessen werden. Tun wir das, zerstören wir sie. Lehrpersonen sollten die Arbeit der Lernenden deshalb nicht pausenlos kontrollieren wollen. Ihr Ziel darf es nicht sein, dass sie den Unterricht vollständig «in den Griff bekommen.» Kinder müssen auch einmal allein gelassen werden, ohne dass ihr Tun fortwährend von Kommentaren, Kritik, Verbesserungsvorschlägen und Lob vonseiten der Lehrpersonen zugeschüttet wird. Dann, wenn junge Menschen ganz in ihre Arbeit vertieft sind, machen sie eine für sie selbst wertvolle Erfahrung: Sie sind bei sich und sie sind *gleichzeitig* ganz in eine Sache vertieft. Die Sache – der Stoff, das Thema – wird ihnen wichtig, nicht das mit Lob oder Noten bewertete Ergebnis. Solche Lernerfahrungen stärken das Selbst der Kinder. Winnicott beschrieb das «Allein-sein des Kindes in Gegenwart der Mutter», wobei die Mutter ihr Kind allein spielen lässt und gleichzeitig innerlich präsent ist. Das gilt auch für Lehrer:innen. Sie müssen das Alleinsein der Lernenden anerkennen. Sie müssen innerlich präsent sein, ohne sich immer einzumischen (Winnicott 1958; vgl. auch Crain 2016b).

Und, um auf Hartmut Rosas «Resonanzbeziehung» zurückzukommen: Lehrpersonen müssen es zulassen – und mehr noch, sie müssen es *anerkennen* –, dass Bildungsprozesse im Gegensatz zum Aspekt der Ausbildung offen sind, dass sie nicht von oben herab verordnet werden können. Es ist deshalb wichtig zu wissen: Das Tanzprojekt in «Rhythm Is It!» hätte auch scheitern können.

3. Die Schule als Ort von Konkurrenz, Vermessung und Kontrolle

Was ich im 2. Kapitel beschrieben habe, ist eine Schule, die es *in reiner* Form so nicht gibt und die es unter den gegebenen Verhältnissen auch nicht geben kann. Was aber sind die «gegebenen Verhältnisse»? Schule findet in der westlichen Welt in einer Gesellschaft statt, die wir eine kapitalistische nennen. Was aber *ist* der Kapitalismus? Er ist in meinem Verständnis nicht etwas, was in reiner Form existiert. Ich verstehe «Kapitalismus» zuerst einmal als ein *Konzept*, wie Menschen sich zu sich selbst und zueinander verhalten oder wie sie sich auf die belebte und unbelebte Natur beziehen. Es handelt sich um eine Theorie von grosser Praxisrelevanz darüber, was Menschen antreibt.

Diesem Konzept von Individuum und Gesellschaft liegt eine bestimmte Annahme über die Natur des Menschen zugrunde. Sie besagt, dass Menschen naturgemäss danach streben, sich in einer ungleichen Welt zu behaupten. Nur eine ungleiche Gesellschaft motiviert uns dazu, eine Leistung zu erbringen. Erst die Konkurrenz um Geld, Macht oder sozialen Status führt zu wachsendem Wohlstand und zu wissenschaftlichen und technischen Fortschritten, die in der Folge einer immer grösseren Zahl von Menschen zugutekommen sollen. Das für alle gleiche Ziel ist es also, ungleich zu sein und sich voneinander in einem auch hierarchischen Sinn abzugrenzen. Ein Grundmerkmal der kapitalistischen Gesellschaft ist deshalb die *Konkurrenz*. Kooperation ist unter Umständen durchaus erwünscht, wenn es dem Fortschritt, dem Wachstum und letztlich dem privaten Gewinn dient. Kooperatives Verhalten kann in diesem Sinn funktional sein. Aber es hat keinen Wert an sich. Die Menschen stehen sich – vielleicht von ihren privatesten Beziehungen abgesehen – primär als Einzelne und als Konkurrent:innen gegenüber.

Was bedeutet das für die «kapitalistische» Schule? Sie hat die Kinder auf eine berufliche Welt vorzubereiten, die vom Wettbewerbs- und Konkurrenzgedanken beherrscht ist. Der Konkurrenzgedanke durchdringt auch die Schule von Beginn an: Die Schüler:innen, aber auch die Eltern der Kinder, die Lehrpersonen, die Schulen, stehen in einem dauernden Wettbewerb zueinander. Die Schule kennt deshalb Gewinner:innen und sie kennt notwendigerweise immer auch Verlierer:innen. In dieser hier idealtypisch gedachten «kapitalistischen» Schule stehen sowohl die Kinder als auch die Lehrpersonen in ihrem Leistungsstreben – und nur auf die Leistung in einer vom Konkurrenz- und Profitgedanken beherrschten Welt kommt es an – allen anderen als Vereinzelte gegenüber. Gefühle der Überforderung, der Verlassenheit und der Demütigung sind eine ebenso logische Folge wie Neid, Eifersucht und Aggression. Die Angst, zu den Verlierer:innen zu gehören oder abgehängt zu werden einerseits, Gefühle der Überlegenheit der Leistungsstarken über die Leistungsschwachen andererseits gehören zur Logik dieser Schule. Zur Idee dieser Schule gehört, dass jene Kinder belohnt werden, die sich gegen andere durchsetzen und dass Empathie im Sinne von Mitgefühl und Kooperation – eine Kooperation, die in einem solidarischen Sinn zu verstehen ist – ohne Wert ist.

Der Kapitalismus funktioniert im Weiteren nach der «Steigerungslogik» (Rosa 2018), das heisst, die Wirtschaft *muss* ihre Produktion fortwährend steigern und sie *muss* den Konsum antreiben. Wirtschaftliche, wissenschaftliche und technische Entwicklung sind auf Wachstum angewiesen und diese Fortschritte gehen immer schneller vor sich. Beschleunigung zeichnet deshalb das Wesen des modernen Kapitalismus aus. Beschleunigung gehört wie in der Wirtschaft zum Wesen der entsprechenden Schule. Die für die Kreativität so wichtigen Momente des Zeithabens, der Musse und des Suchens werden verunmöglicht. Die

Bereitschaft, sich auf «chaotische Zustände» und auf «falsche Wege, verpatzte Anfänge und Sackgassen» einzulassen (Sennett 2008: 216), wird der Forderung nach Effizienz und Beschleunigung geopfert. Kinder, die langsam und verträumt sind, sind benachteiligt.

Im Zentrum dieses Buches steht das Thema der Beziehung. Wenn wir den Kapitalismus unter diesem Gesichtspunkt betrachten, so erkennen wir den Aspekt der Kontrolle, der instrumentellen Beherrschung, des Verfügbarmachens der anderen Menschen, der Natur sowie des eigenen Selbst. Wir erzielen dann eine Wirkung, wenn wir die Natur kontrollieren, wenn wir sie unterwerfen und beherrschen. Es ist tendenziell eine «stumme, distanzierte und resonanzlose Form der Weltbeziehung» (Rosa 2018: 704). Dieser Verdinglichung der Natur, der anderen Menschen und des eigenen Selbst entspricht ein Bewusstsein unserer selbst, dass wir uns selbst fremd werden, da unser Bedürfnis nach einer vertrauensvollen, antwortenden und also resonanten Beziehung zur Welt unterdrückt wird. Diese «kapitalistische» Art von Beziehung einerseits, Resonanzbeziehungen andererseits stehen in einem grundsätzlichen Widerspruch zueinander. Sie stellen entgegengesetzte Weltbeziehungen dar (Rosa 2018).

Diesen reinen Kapitalismus nun gibt es nicht und hat es nie gegeben. Seit dem späten 18. und dem frühen 19. Jahrhundert hat der Kapitalismus seine Form zudem immer wieder den veränderten sozialen und wirtschaftlichen Umständen und den technischen Entwicklungen angepasst. Auf den frühen «Manchesterkapitalismus» des beginnenden 19. Jahrhunderts mit extremer Ungleichheit und Ausbeutung von Arbeiterinnen, Arbeitern und nicht zuletzt von Kindern und Jugendlichen (vgl. Beckert 2019) folgten Jahrzehnte, in denen die ökonomische, soziale und politische Ungleichheit tendenziell verringert, die Arbeitszeit verkürzt, Kinderarbeit verboten und eine

Sozialgesetzgebung eingerichtet wurde. Das allgemeine Wahl- und Stimmrecht wurde eingeführt und auf Arbeiter und später auf die Frauen ausgeweitet. Diese sozialen Fortschritte, die demokratischen Bürger- und Freiheitsrechte und nicht zuletzt die Rechte der Frau mussten in politischen und sozialen Kämpfen jeweils von der Arbeiterschaft, von den Frauen und auch von fortschrittlich gesinnten Teilen des Bürgertums erstritten werden. Der Kapitalismus wandelte sich nicht einfach aus sich selbst heraus. Sozialer Ausgleich, soziale Sicherheit und demokratische Selbstbestimmung sind dem System «Kapitalismus» nicht inhärent.

Wir müssen also von der Vorstellung einer vollständig kapitalistischen Welt wegkommen. Ein grosser Teil unseres Lebens verbleibt, so die US-amerikanische Philosophin Nancy Fraser (2023: 25), «ausserhalb des Einflussbereiches des Marktes». Es gibt die alltäglich gelebte menschliche Fürsorge. Menschen übernehmen immer wieder Verantwortung für andere und für die Natur. Viele Menschen streben danach, autonom und selbstbestimmt zu leben, und anerkennen und fördern dabei gleichzeitig das Streben anderer nach Freiheit und Autonomie. Es gibt die universalen Menschenrechte und nicht zuletzt die demokratischen Prinzipien, Strukturen und Prozesse. Der Kapitalismus als System der Konkurrenz und des privaten Gewinnstrebens durchdringt das gesellschaftliche und private Leben nicht vollständig. Die nicht-ökonomischen Ideale der Freiheit und Emanzipation oder der Fürsorge und der Solidarität enthalten ein «kritisch-politisches Potenzial» (ebd.: 48), von dem aus die Gesellschaft in fortschrittlichem Sinn beeinflusst und verändert werden kann.

In diesem komplexen, sich zudem fortwährend – manchmal in fortschrittlichem Sinn, manchmal regressiv[9]

---

[9] Ich beziehe mich mit den Konzepten von Fortschritt und Regression auf Jaeggi 2023.

– verändernden gesellschaftlichen System, das vereinfacht als kapitalistisches bezeichnet wird, findet Schule statt.

Beispiele für die Ökonomisierung der Bildung

Ich illustriere im Folgenden beispielhaft anhand der US-amerikanischen Bildungspolitik, wie sich die Schule seit den 1980er-Jahren zu einem Raum entwickelt hat, der tendenziell immer mehr zu einem Ort der Kontrolle, der Vermessung und der Selektion geworden ist. Ich zeige an diesem Beispiel auf, wie der emanzipatorische Bildungsgedanke zunehmend zerstört werden kann. Das US-amerikanische Modell nähert sich dem Typus der «kapitalistischen Schule» besonders stark an.[10]

Die US-amerikanische Kultur scheint heute von der westeuropäischen sehr verschieden zu sein. Bis in die frühen 1980er-Jahre hinein glichen sich die Kulturen diesseits und jenseits des Atlantiks jedoch stärker als jetzt (Judt 2010). Das gilt auch für die Bildung. Zwar gingen die Kinder vermögender Eltern in den USA auch in der Zeit vor Reagans Präsidentschaft oft auf private Universitäten oder sie besuchten private Schulen. Aber die öffentliche Schule war anerkannt und private Schulen, vor allem in den Südstaaten, standen im zweifelhaften Ruf, die 1954 gesetzlich vorgeschriebene De-Segregation in den *Public Schools* umgehen zu wollen.

Der Ökonom Milton Friedman hatte 1955 in seiner Schrift «The Role of Government in Education» die Einführung von Bildungsgutscheinen (Vouchers) propagiert, was die freie Wahl der Bildungsinstitutionen ermöglicht und zugleich die Privatisierung des Bildungswesens vorangetrieben hätte. Wo in den USA öffentlich darüber

---

10 Ich stütze mich in diesem Abschnitt auf die Untersuchungen von Diane Ravitch (2010 und 2013) sowie des Bildungssoziologen Richard Münch (2018).

abgestimmt wurde, blieben die Bildungsgutscheine jedoch ohne Chance. Der Umschwung begann mit der Präsidentschaft von Ronald Reagan. Reagan war ein Anhänger Friedmans und befürwortete dessen Idee der Bildungsgutscheine. Allerdings opponierten die Demokraten, die eng mit den Gewerkschaften der Lehrer:innen verbunden waren. Eine gute öffentliche Bildung war ein Anliegen der Demokraten, von Bildungsgutscheinen wollte man nichts wissen. Von den 1990er-Jahren an nahm jedoch der Einfluss einer ökonomisch und politisch mächtigen Gruppe zu, welche das öffentliche Bildungssystem tiefgreifend im ökonomistischen Sinn von Privatisierung und Wettbewerb verändern wollte. In Anlehnung an Friedman traten die Anhänger einer radikalen Marktwirtschaft für den Wettbewerb zwischen den Bildungseinrichtungen ein mit der Begründung, dass die Eltern in der Lage sein sollten, die beste Schule im Interesse der eigenen Kinder zu wählen (*Choice*). Eine zweite Gruppe forderte, dass die schulischen Leistungen mit standardisierten Tests gemessen und die Schulen bzw. die Lehrpersonen für den Erfolg oder Misserfolg der Schüler:innen verantwortlich gemacht werden sollten (*Testing and Accountability Movement*). Einen entscheidenden Wendepunkt bildete das Gesetz «No Child Left Behind» von 2001, das unter George W. Bush mit Unterstützung der Demokraten im Kongress verabschiedet wurde. Dem Gesetz gemäss musste jedes Kind in den Klassen 3 bis 8 einmal jährlich getestet werden. Bis 2014 sollte jedes Kind in den USA einen bestimmten Grad an Lese- und Rechenfähigkeit erlangt haben. Erreichte eine öffentliche Schule dieses Ziel nicht, so konnte sie geschlossen, einem privaten Management übergeben oder in eine halbprivate *Charter School* umgewandelt werden.

Die *Charter Schools* gehen auf eine Initiative von Bildungspolitiker:innen zurück, die sich Gedanken zur folgenden Frage gemacht hatten: Wie kann man jene Kinder und

Jugendlichen erreichen, die völlig unmotiviert im Unterricht sitzen, schwer zu erziehen sind oder gar nicht zum Unterricht erscheinen? Die Initiant:innen befürworteten nun öffentliche Schulen, die von bürokratischen Fesseln befreit waren. *Charter Schools* sollten keine Konkurrenz zur öffentlichen Schule sein, sondern als Experimentalschulen Vorbildcharakter haben. Schon bald jedoch wurde erkennbar, dass die *Charter Schools* die öffentliche Schule konkurrenzierten und in ihrer Existenz bedrohten, da sie ein Einfallstor für die Privatisierungsbewegung wurden. Sehr bald wurde ersichtlich, dass sich die Vorteile der Idee der *Charter School* in Nachteile verkehrt hatten. Minimale bürokratische Vorgaben bedeuten heute in der Realität, dass die *Charter Schools* frei darüber entscheiden können, welche Kinder sie aufnehmen und welche sie zurückweisen, während die öffentliche Schule gezwungen ist, sämtliche Kinder aufzunehmen. Die *Charter Schools* sind frei darin, die Arbeitsbedingungen ihrer Angestellten festzulegen (Arbeitszeiten, Anstellungsbedingungen, Löhne). Viele *Charter Schools* arbeiten gewinnorientiert, was zur Folge hat, dass das Management dazu neigt, Lehrpersonen schlecht zu bezahlen und Lehrer:innen mit schlechter oder fehlender Ausbildung anzustellen.

Das Gesetz «No Child Left Behind» förderte Privatisierung und Gewinnorientierung im Bildungswesen. In der Folge des Gesetzes entstand eine riesige private Bildungsindustrie im Bereich der Testkonstruktion und Testauswertung, der Beratung von Lehrpersonen und Schulen, der Testvorbereitung und der Nachhilfe. Öffentliche Gelder wurden in private Kanäle umgeleitet. *Test Scores* erhielten eine immer grössere Bedeutung und sie dominierten zunehmend den Unterricht. Ein zentrales Element dieser ökonomistischen Reform schliesslich war *Accountability*, was bedeutet, dass die Schulen – und seit Obamas Gesetz «Race to the Top» von 2009 auch die einzelnen Lehrpersonen

– für die Leistungen der Lernenden direkt verantwortlich sind. Effizient sind die Lehrpersonen, wenn die Schüler:innen jährlich Fortschritte verzeichnen. Die Existenz ganzer Schulen sowie die berufliche Existenz der Lehrpersonen hängt von dieser so verstandenen Effizienz ab.

Vom Gesetz von 2001 bis zu Obamas Programm «Race to the Top» brauchte es keine zehn Jahre, um das US-amerikanische Bildungssystem grundlegend umzuformen: im Sinne von Privatisierung, im Sinne einer durchgängigen Konkurrenz von Schüler:innen, Lehrpersonen und Schulen sowie im Sinne von *Choice*, *Testing* und *Accountability*. Scheinbar ging es um das Wohl der schwächsten Kinder – «No Child Left Behind» bedeutet ja, dass *kein Kind zurückgelassen* werden soll. Der *Achievement Gap* – die Lücke zwischen den Leistungen der gut geförderten Kinder aus eher begüterten Familiem und den Leistungen der Kinder, deren Eltern arm waren – sollte verringert werden. In Wirklichkeit wird die Ungleichheit der Bildungschancen seither grösser. Die *Public Schools* werden zunehmend zu einer Restschule, da sie *alle* Kinder, also auch die leistungsschwächsten, sozial auffälligsten und die sozial benachteiligten aufnehmen müssen. Die Vielfalt des Curriculums, das früher auf eine breite Bildung angelegt war, wird immer mehr zugunsten einer utilitaristischen Zielsetzung aufgegeben – tendenziell verzichtet man eher auf Fächer wie Literatur, Geschichte oder Kunst zugunsten jener Fächer, die mit standardisierten Tests erfasst werden. Die Reform bestraft Lehrpersonen, die mit schwachen, erziehungsschwierigen Schüler:innen arbeiten, und sie bestraft jene, die Kinder mit einer Behinderung unterrichten. Die Reform führt zu Angst und Verunsicherung unter den Lehrpersonen, damit zu Anpassung und Unterwerfung unter autoritäre Managementstrukturen. Die allgemeine Vereinzelung, das Gefühl, in einem Kampf aller gegen alle gefangen zu sein, wird gefördert.

Privatisierung, Vermessung, Bildungsrankings: eine globale Entwicklung

Die am Beispiel der USA vorgestellte Ökonomisierung im Bildungswesen ist eine globale Erscheinung. Global ist die zunehmende *Privatisierung* im Bildungswesen. Mit Privatisierung ist einerseits die quantitative Zunahme privater Bildungsinstitutionen im Verhältnis zu den öffentlichen gemeint. Die Privatisierung manifestiert sich im Weiteren im Zugriff grosser privater Unternehmen auf das Bildungssystem: Im Bildungsmarkt bewegen sich profitorientierte und oft global agierende Bildungskonzerne, nicht nur in den USA, sondern auch in Grossbritannien, in Schweden, in Südafrika und in vielen anderen Ländern.[11] Die private Bildungsindustrie im Bereich der schulischen Nachhilfe, der Prüfungsvorbereitung oder der Testentwicklung nimmt auch in der Schweiz an Bedeutung zu.[12] Schliesslich ist der demokratisch nicht legitimierte Einfluss grosser privater Stiftungen auf die Bildungspolitik zu beachten. Diese zunehmende Privatisierung hat zur Folge, dass Bildungs- und damit auch Lebenschancen immer mehr ungleich verteilt sind. Die Segregation innerhalb der Gesellschaften nimmt zu (vgl. Crain 2019).

Die Ökonomisierung im Bildungswesen zeigt sich zweitens in der Überzeugung, dass schulisches Lernen und schulische Leistung mit standardisierten Methoden exakt gemessen und mit quantifizierenden Methoden erfasst

---

11 In Liberia wurde das komplette Schulsystem von einem US-amerikanischen Investor gekauft (Hellgermann 2018). Ein weiteres Beispiel ist Bridge International Academies (BIA). 2008 in den USA gegründet, gilt BIA heute als grösstes gewinnorientiertes Bildungsunternehmen mit ca. 100.000 Kindern im Vorschul- und Primarschulalter, vorwiegend in Kenia, Liberia, Nigeria, Uganda und Indien. BIA wird von der Bill & Melinda Gates Foundation unterstützt, welche die Privatisierung auch in den USA seit Jahren grosszügig fördert (Ravitch 2010 und 2013); vgl. https://jsis.washington.edu/news/another-ict4d-failure-bridge-international-african-schools/.

12 Bereits 2011/12 besuchten über 34 Prozent der Schweizer Jugendlichen in der 8. und 9. Klasse bezahlten Nachhilfeunterricht (Crain/Daellenbach 2019).

werden können. Seit einigen Jahren werden auch die Schüler:innen der vier Kantone bzw. Halbkantone Aargau, Solothurn, Basel-Landschaft und Basel-Stadt jeweils viermal[13] im Verlauf ihrer Volksschulzeit mit standardisierten Leistungstests geprüft. Wie begründet die Bildungspolitik diesen grossen Aufwand an Zeit und Geld? Die jungen Menschen müssten sich später in der ungleichen Welt der Wirtschaft behaupten und sich in der modernen Wissensgesellschaft bewähren. Die Leistungstests, mit denen ausgewählte Fähigkeiten bzw. «Kompetenzen» erfasst werden, sollen der individuellen Förderung dienen. Die Schüler:innen, ihre Angehörigen sowie die Lehrpersonen sollen eine objektive Rückmeldung über den leistungsmässigen Stand und den entsprechenden Förderbedarf erhalten. Aber auch die Lehrpersonen werden mit den Tests erfasst, da die Durchschnittsergebnisse der jeweiligen Klassen berechnet und mit den Ergebnissen der anderen Klassen des Schulhauses verglichen werden können. Die Durchschnittsergebnisse der Schulen eines Kantons können mit den Durchschnittszahlen der anderen Kantone verglichen werden, womit die staatlichen Bildungsbehörden eine Rückmeldung über den Stand der schulischen Bildung erhalten.

Was ist dagegen einzuwenden? Von methodischen Problemen abgesehen,[14] relativ exakt messen kann man zweckorientiertes Denken. Nicht messen kann man die innere Bereitschaft zu lernen, denn die innere Welt kann mit einem Test – wenn überhaupt – nur unzulänglich erfasst werden. Wesentliche Aspekte des Unterrichts und des Lernens sind nur zu verstehen, wenn wir den Beziehungsaspekt berücksichtigen – Beziehungen aber kann man nicht quantitativ erfassen. Was nun, immer nur scheinbar, objektiv gemessen wird, bekommt tendenziell mehr

---

13 Seit 2018 verzichtet der Halbkanton Basel-Stadt auf den vierten Check.
14 Ausführlich zur Problematik der standardisierten Leistungsmessung vgl. Krautz 2009; Crain 2015.

Wert als das, was *nicht* gemessen wird. Die Schüler:innen, die Lehrpersonen und die Angehörigen lernen, dass Mathematik, Naturwissenschaften und Sprachbeherrschung wichtiger sind als Geschichte, Literatur, Kunstfächer oder das Nachdenken über gesellschaftliche oder ökologische Fragen. Je wichtiger die vergleichende Messung spezifischer Leistungsbereiche wird, umso mehr prägt sie die Wertigkeit der Bildungsinhalte, umso stärker wird der Unterricht auf die im Test vermittelte gesellschaftliche Ideologie ausgerichtet. Standardisierte Tests beeinflussen das Curriculum.

Vor allem aber: In einer Gesellschaft, in der das Prinzip des Wettbewerbs und der Konkurrenz dominiert, wird das Ziel der individuellen Förderung unterlaufen. Die Kinder vergleichen ihre jeweiligen Test- und Prüfungsergebnisse mit denen der anderen. Je stärker das Wettbewerbs- und Konkurrenzsystem (und die dahinter liegende Angst, nicht zu genügen) den Unterricht durchdringt, umso mehr werden das Zusammengehörigkeitsgefühl der Kinder und die Fähigkeit, gemeinsam mit anderen nach Lösungen zu suchen, beeinträchtigt. Die Eltern folgen tendenziell der gleichen Wettbewerbslogik. Auch sie tendieren dazu, ihr Kind weniger mit seinen eigenen Möglichkeiten zu vergleichen als damit, was andere Kinder (und andere Eltern) vermeintlich können. Sie treten stärker zueinander in ein Konkurrenzverhältnis. Dasselbe gilt für Lehrpersonen, Schulleitungen und Schulen, für welche die Wettbewerbslogik ebenfalls bestimmend wird.

Die standardisierten Leistungstests sind nur ein Aspekt der Tendenz, Bildungsprozesse der Zielsetzung der Vermessbarkeit und der Kontrolle zu unterwerfen. Sämtliche Leistungen können mit Zahlen gemessen und Bildung kann grundsätzlich als ein objektivierbares und damit auch beherrschbares Produkt verstanden werden. Schriftliche Arbeiten und mündliche Leistungen wurden immer schon bewertet. Noten gab es schon früher. Die Tendenz, dies in *sämtlichen* Fächern und dies bereits im frühesten Schulalter zu tun, ist für die heutige Schule charakteristisch. So bekam der neun Jahre alte Pascal auch für die Maske (in Basel Larve genannt), die er für den jährlichen Fasnachtsumzug der Schule gebastelt hatte, eine notenmässige Bewertung.

Sichtbarer Ausdruck der standardisierten Leistungsmessung sind die Rankings. Jedes Jahr werden diverse Rankings der weltbesten Universitäten veröffentlicht, aber auch auf der Ebene der Volksschule und des Gymnasiums sind Rankings in vielen Ländern fest etabliert. Eltern und Kinder wissen so, welches die «guten» und welches die «schlechten» Schulen sind. Im Bildungsraum Nordwestschweiz sind Rankings der Schulen vorderhand explizit untersagt. Die Bildungsbehörden verfügen jedoch über ein immer umfassenderes Datenmaterial, aus dem sich mit Leichtigkeit ein Ranking der Klassen, der Lehrpersonen, der Schulen (und Schulleitungen) sowie der kantonalen Schulsysteme herstellen liesse. Es ist nicht unwahrscheinlich, dass die Behörden irgendwann gezwungen werden, die Daten öffentlich zu machen, Rankings zuzulassen und zu publizieren.[15]

Privatisierung, Vermessung der schulischen Leistungen mit standardisierten Leistungstests, Wettbewerb der Schulen und der nationalen Bildungssysteme untereinander und das allgegenwärtige Konkurrenzdenken sind Elemente einer globalen Ökonomisierung im Bildungswesen.

---

15 Auf einer Brasilienreise 2017 kam ich an einer Schule in einer Kleinstadt im Bundesstaat Minas Gerais vorbei. «Nota de Escola» stand auf einer grossen, weithin sichtbaren Tafel, die neben dem Schuleingang angebracht war; darunter die Note 3,5, als Punkt aufgezeichnet auf einer Skala von 1 bis 10. Ich überlegte, wie es für ein Kind ist, das täglich mit dieser unterdurchschnittlichen Bewertung seiner Schule konfrontiert wird; wie es für die Angehörigen des Kindes ist, ihr Kind in eine solche Schule zu geben. Und nicht zuletzt, wie motivierend oder eben demotivierend es für die Lehrpersonen einer Schule ist zu wissen, dass ihre Schule im Vergleich mit anderen Schulen als unterdurchschnittlich bewertet wird. Das Stigma der Schule kann zum Stigma der Lehrpersonen, der Kinder und ihrer Angehörigen werden.

Dieser äusseren Ökonomisierung entspricht eine *innere Ökonomisierung*: Kinder, Jugendliche und Erwachsene werden in ihren Einstellungen, in ihren Affekten und Absichten, in ihrer inneren Welt und damit in ihrer Weltbeziehung in ökonomistischem Sinn beeinflusst. Sie nehmen die Welt tendenziell durch die Brille der Konkurrenz wahr. Sie bewerten das, was sie tun, im Hinblick auf die Nützlichkeit in einer gegebenen Welt. Sie lernen, dass es darauf ankommt, Leistungen primär deshalb zu erbringen, damit sie belohnt werden. Sie kommen zum Schluss, dass das, was nicht bewertet oder was nicht materiell belohnt wird, weniger oder nichts wert ist.[16]

---

16 Zu äusserer und innerer Ökonomisierung vgl. Crain 2018.

4. Die Schule als Ort gesellschaftlicher Wiedersprüche

Die Schule, dies ist die Prämisse, die diesem Text zugrunde liegt, ist ein Beziehungsraum, ob sich die Lehrpersonen, die Schüler:innen, die Eltern und die Bildungspolitik dessen bewusst sind oder nicht. Es fragt sich deshalb, welches die *Qualität* der Beziehung ist, die den Unterricht und die Beziehungskultur einer Schule prägt. Ich habe einleitend eine Theorie der Beziehung vorgestellt und drei unterschiedliche Dimensionen von Beziehung beschrieben. Ich habe im Weiteren skizziert, wie sich im schulischen Beziehungsraum die innere Welt der Kinder und Jugendlichen – aber auch die innere Welt der Lehr- und Fachpersonen – entwickelt und wie sie bereichert werden kann. Ich habe die Schule als einen möglichen Raum von Begegnung und Emanzipation beschrieben. Es soll dabei keine widerspruchsfreie Schulwelt gezeichnet werden. Auch in einer Schule, die in hohem Mass vom Modus der Begegnung und der Emanzipation geprägt ist, gibt es Neid, Aggression und Angst. Auch in einer ideal gedachten Schule gibt es Konflikte und Machtverhältnisse. Auch in dieser Schule müssen sich die Lernenden Wissen aneignen, sie müssen den Stoff beherrschen und sie müssen sich immer wieder auch auf instrumentelle und objektivierende Weise mit einem Gegenstand des Lernens befassen. Arbeit als Selbstverwirklichung, schrieb Marx 1857 im Hinblick auf ein kommendes «Reich der Freiheit», «meint keineswegs, dass sie bloss Spass sei … (wirklich) freies Arbeiten … ist grade zugleich verdammtester Ernst, intensivste Anstrengung» (zit. nach Neffe 2017: 358). Auch unter optimalen Verhältnissen ist Schule nicht immer ein Raum der Begegnung und der Bildung. Vor allem aber: Unter heutigen Bedingungen findet Schule in einem gesellschaftlichen Kontext statt, in dem das ökonomistische Prinzip vorherrscht.

Ich habe im 3. und 4. Kapitel nicht Schulen «an sich» beschrieben. Die Schule in ihrer konkreten Form ist weder reiner Begegnungs-, Emanzipations- und Resonanzraum noch je ausschliesslich Ort der Vermessung, der Kontrolle und der Selektion. Es geht in diesem Text um zwei unterschiedliche und entgegengesetzte Beziehungsmodi. Beide Beziehungsmodi bestimmen den Unterricht bzw. das Verhältnis der am Unterricht Beteiligten in unterschiedlichem Mass – je nach Schulklasse und Lehrperson, je nach Schule, Gemeinde, Kanton oder Land, je nach dem zeitlichen, ökonomischen, kulturellen und politischen Kontext, in dem Schule stattfindet. Die Schule ist deshalb *immer* eine Schule im Widerspruch. Dieser Widerspruch ergibt sich daraus, dass sich die beiden im Text vorgestellten Beziehungsmodi, versteht man sie als absolute Gegebenheiten, gegenseitig ausschliessen. Je mehr die Schule auf Leistungsdruck setzt, je mehr sich die Kinder und nicht zuletzt die Angehörigen als Konkurrent:innen im Kampf um gute Startchancen für beruflichen Aufstieg und hoch bewertete gesellschaftliche Positionen wahrnehmen, je mehr Leistung mit materieller und immatrieller Bewertung – mit Belohnung in Form von Aufstiegschancen oder mit Strafe in Form von verhinderten oder eingeschränkten Aufstiegschancen – verknüpft wird, umso mehr wird sie zu einem Ort, der die Verdinglichung und Entfremdung späterer Lebens- und Arbeitsverhältnisse vorwegnimmt. Die Schule kann die Logik der Arbeitswelt unter ökonomistischen Vorgaben allzu sehr verkörpern. Die Lust an dem, was man allein oder gemeinsam tut, schwindet. Wenn auch bildnerisches Gestalten, Musik, körperliches Spiel und Bewegung der Logik des Messens und der Konkurrenz unterworfen werden, werden diese Tätigkeiten verdinglicht. Das für uns Menschen existenzielle Bedürfnis nach Resonanz (im Sinne von Hartmut Rosa) wird nicht befriedigt. Darunter leiden Kinder und Jugendliche, darunter leiden Lernfreude und Neugierde.

Darunter leiden auch die Lehrpersonen. Welche Motive liegen der Berufswahl «Lehrerin» oder «Lehrer» zugrunde? Ich vermute, dass eine Mehrheit junger Menschen bei dieser Berufswahl vom Versprechen geleitet wird, dass man mit lebendigen, neugierigen und zugewandten Kindern zusammen an einem Thema arbeiten kann. Wenn Burn-out und Depression gerade bei Lehr- und Pflegeberufen besonders häufig sind, dann auch deswegen, weil in diesen Berufen die Resonanzerwartungen besonders hoch sind und die Frustration besonders gross ist, wenn diese Erwartungen nicht erfüllt werden (Rosa 2018: 400). Ich vermute im Weiteren, dass es nicht nur die unerfüllten Erwartungen nach anregenden Begegnungen mit neugierigen, lernmotivierten Kindern und nach resonanten Unterrichtserfahrungen sind, welche die Gefahr eines Burn-outs erhöhen oder zu Zynismus und Resignation führen können, sondern auch das Unvermögen, die strukturellen, das heisst die (bildungs-)politischen Gründe für das eigene Unbehagen zu erkennen.

Im Fall von Pascal schrieb der Lehrplan der Lehrerin nicht vor, dass sie dieses spezifische Halloween-Bild bewerten *musste*. Warum aber wählt eine Lehrperson dieses Vorgehen? Vielleicht wider Willen. Vielleicht lässt sich eine Lehrperson durchaus vom gemalten oder gezeichneten Bild eines Kindes berühren. Vielleicht würde sie gern mit dem Kind darüber sprechen, um ihren Eindruck zu vermitteln, um mit dem Kind in ein persönliches Gespräch zu kommen, um nachzufragen, weil sie ein tieferes Interesse am Kind und seinem Bild hat. Vielleicht muss er oder sie den Impuls, das zu tun, unterdrücken – weil es an der Schule so üblich ist, dass alles nach scheinbar objektiven Leistungskriterien beurteilt wird, weil die Schulleitung zum Beispiel darauf beharrt. Könnte es sein, dass viele Lehrpersonen einen inneren Widerspruch auf diffuse Art wahrnehmen, dass sie diesen jedoch nicht wirklich erkennen und durchschauen? Auf Pascals Lehrerin schien das nicht zuzutreffen. Ihr Vorgehen wurde von ihr, so macht es für mich zumindest den Anschein, nicht hinterfragt. Das Denken in Kategorien der Konkurrenz, der Objektivierung, der Messung der Leistungen ihrer Schüler:innen und darum letztendlich der Kontrolle könnte ihr zur zweiten Natur geworden sein. Die Lehrerin nahm sich durch ihre Art des Umgangs mit Pascals Bild scheinbar aus der Beziehung heraus. Sie vertrat eine objektivierte Norm und wurde zu einer messenden und kontrollierenden Instanz. Die Lehrerin mag, an heute verbreiteten Standards gemessen, eine gute Lehrerin sein. In diesem Fall aber zerstörte sie, was für ein eigenständiges Lernen von Pascal unerlässlich gewesen wäre: Indem sie sogar den kreativen Aspekt verdinglichte, blockierte sie die Möglichkeit einer lebendigen Beziehung zwischen Pascal, dem Gegenstand seines Interesses und ihr selbst.

Die integrative Schule als Beispiel für eine Schule im Widerspruch

Zur Idee der integrativen Schule

In welche Richtung entwickelt sich die Schule? Wohin geht die Reise? Hin zu einer Schule, die eher ein Raum der emanzipatorischen Bildung ist? Oder hin zu einer Schule, die tendenziell noch stärker ein Ort der Vermessung, der Kontrolle und der Selektion ist? Ich habe im vorigen Kapitel meiner Befürchtung Ausdruck gegeben, dass sich die Schule verstärkt zu einer Institution entwickeln könnte, die vom Gedanken der Anpassung an eine von ökonomistischen Prinzipien geprägte Welt der Konkurrenz bestimmt wird. Aber die Entwicklung der modernen Schule geht nicht ausschliesslich in diese Richtung. Nicht nur gibt es vielfältige und fundierte Kritik an der Ökonomisierung des Bildungswesens. Nicht nur gibt es unzählige Momente im alltäglichen Unterricht, in denen sich Lehrpersonen und Schüler:innen mit Neugierde oder aus persönlichem Interesse mit einem Lernstoff auseinandersetzen und sich in eine Frage, ein Thema vertiefen. Es gibt auch explizit gegenläufige Bewegungen. Eine globale Gegenbewegung ist die *inklusive* bzw. die *integrative Schule*. Worum geht es? Vordergründig darum, dass Kinder mit einer Lernschwäche, mit einer kognitiven, einer Sinnes-, einer Körperbehinderung oder dass verhaltensauffällige Kinder nicht mehr separat in Sonderklassen oder Sonderschulen, sondern gemeinsam mit allen anderen Kindern unterrichtet werden.[17]

Aber in der Idee der inklusiven bzw. inkludierenden Schule ist viel mehr als einfach die Forderung nach gemeinsamem Unterricht und möglichst vollständigem Verzicht auf separativen Unterricht enthalten. Dahinter steht eine gesamtgesellschaftliche und humanistische Vision. Dahinter steht die Idee der Gleichheit: Alle Menschen sind grundsätzlich gleichwertig. Dahinter steht die Forderung, dass allen Menschen – wenn immer möglich – die Partizipation an allen gesellschaftlichen Aktivitäten ermöglicht werden soll. Dahinter steht die Idee der Würde aller Menschen. Dahinter steht aber auch die Idee von Freiheit, Emanzipation und Selbstermächtigung: Jeder Mensch soll die Chance haben, seine Persönlichkeit voll zu entfalten und sich für ein selbstbestimmtes Leben entscheiden zu können. Das bedeutet, dass jeder Mensch in seinen Leistungen an den eigenen Möglichkeiten gemessen wird oder dass, zum Beispiel, jedes Schulkind die Zeit für eine Aufgabe bekommt, die es braucht. Der an der Idee der Konkurrenz orientierte Leistungsvergleich widerspricht dem inklusiven Grundgedanken. Im Konzept der inklusiven Schule steht vielmehr die Kooperation der Kinder untereinander im Zentrum.

---

17 Vgl. dazu den Beitrag von Rebekka Sagelsdorff in diesem Buch.

Empathie, Mitgefühl und Teamarbeit sind gefragt. Der Kooperation der Lernenden entspricht ein umfassendes Kooperationsverhältnis unter den Lehrpersonen.

Das Beispiel der integrativen Schule Basel-Stadt

Die nicht zuletzt von den Behindertenverbänden erstrittene inklusive oder, im Fall der Schweiz, integrative Schule entspricht von der Idee her der Schule, wie ich sie als Raum von Bildung und Begegnung skizziert habe. Was aber geschieht mit der integrativen Schule, wenn ihre Idee vom Grundgedanken der Konkurrenz – der Individuen, der Schulen, der Gemeinden, der Kantone und, wie im Fall von PISA, der nationalen Volkswirtschaften – überlagert wird? Am Beispiel der Basler Volksschule will ich aufzeigen, dass grundlegende Widersprüche die Folge sind – Widersprüche, die zugleich schwer zu durchschauen sind.

Dazu muss ich kurz auf die Geschichte der baselstädtischen Schule eingehen. Wie sah das Schulsystem aus, als ich in den 1950er- und 1960er-Jahren in Basel zur Schule ging? Auf vier Jahre Primarschule folgte eine dreigliedrige Mittelstufe: Im achtjährigen Gymnasium wurden vorwiegend die Kinder der Ober- und höheren Mittelschicht unterrichtet. Die Basler Realschule war für jene Schüler:innen gedacht, die eine anspruchsvolle Lehre beginnen, die Sekundarschule für jene, die eine weniger anspruchsvolle Ausbildung absolvieren würden. Daneben gab es seit dem Ende des 19. Jahrhunderts verschiedene Sonderschulklassen. Diese Sonderschulklassen erhielten 1963 ein eigenes Rektorat. Mit dieser administrativen Aufwertung anerkannte man, dass Kinder und Jugendliche, die eine kognitive, eine Körper- oder eine Sinnesbehinderung hatten oder die den Unterricht in einem Übermass störten, in einem separaten und geschützten Raum von besonders ausgebildeten Fachpersonen unterrichtet werden sollten. Zugleich erlaubte das Vorhandensein von Sonderklassen der «Regelschule» auch, jene Kinder und Jugendlichen loszuwerden, die den Unterricht verlangsamten, störten oder blockierten. Dieses Schulsystem reproduzierte die damaligen hierarchischen Gesellschaftsverhältnisse nicht nur, es verstärkte und legitimierte sie zugleich. Es war ein ungerechtes und unproduktives System mit einer viel zu frühen Selektion.

Das Jahr 1968 steht stellvertretend für eine tiefgreifende kulturelle Liberalisierung. Das hiess auch: Jeder einzelne Mensch sollte sein in ihm angelegtes Potenzial entwickeln können. Diese Idee der Selbstentfaltung und der individuellen Förderung verband sich in der baselstädtischen Schulreform von 1988 mit der Idee der sozialen Gerechtigkeit. Auf eine vier Jahre dauernde notenfreie Primarschule folgte eine dreijährige Orientierungsstufe (OS), die als Gesamtschule konzipiert war. Daran schlossen sich einerseits eine zweijährige Weiterbildungsschule und andererseits ein fünfjähriges Gymnasium an. Die Schulreform der 1980er-Jahre wurde von grossen Teilen der Basler Lehrpersonen, von Eltern, von linken Parteien, liberalen Bürgerlichen und von der Bildungsbehörde getragen. Es war eine fortschrittliche Schulreform, allerdings mit Einschränkungen. Die vier Jahre Primarschule waren schweizweit eine Ausnahme, das Basler Schulsystem war nicht mit dem System anderer Kantone kompatibel, was die interkantonale Mobilität erschwerte. Die Orientierungsschule endete mit der 7. Klasse und umfasste nicht die gesamte Volksschulzeit. Das separative Kleinklassensystem wurde beibehalten; und mit den «OS-Klassen mit erweitertem Musikunterricht» (EMOS-Klassen) gab es eine Art von impliziten Eliteklassen, womit den anderen OS-Klassen leistungsstarke Schüler:innen entzogen wurden.

Das reformierte Schulsystem hatte eine nur kurze Lebensdauer. 2006 hiessen die Schweizer Stimmbürger:innen den «Bildungsartikel» gut. Das Schuleintrittsalter, die Dauer und die Ziele der verschiedenen Bildungsstufen sollten gesamtschweizerisch harmonisiert werden. Die Aufnahme des Bildungsartikels in die Verfassung hatte weitreichende bildungspolitische Konsequenzen, nicht zuletzt für das baselstädtische Schulsystem. Die Primarschulzeit wurde 2010 um zwei auf sechs Jahre verlängert.[18] Auf sechs Jahre Primarschule folgen im heutigen Schulsystem eine auf drei Jahre angelegte Sekundarstufe I sowie die (u.a. gymnasiale) Sekundarstufe II. Für die Sekundarstufe I wählte man dabei das «geteilte Modell» mit drei Leistungszügen: einem progymnasialem P-Zug, einem mittleren E-Zug sowie einem A-Zug für die Leistungsschwächsten.[19] Die Einteilung in die Leistungszüge erfolgt im letzten Primarschuljahr. Die Sonderklassen sowie das Sonderklassenrektorat wurden aufgelöst, der integrative Unterricht wurde zur Regel. In Ausnahmefällen stehen an vier Standorten sogenannte Spezialangebote (SpA) zur Verfügung.

Was kennzeichnet nun dieses Schulsystem? Das alte dreigliedrige Schulsystem, das man mit der früheren Schulreform überwunden hatte, wurde mit den drei Leistungszügen der Sekundarstufe I neu aufgelegt. Die Selektion wurde damit wieder um ein Jahr vorverlegt. Das Sonderschulsystem wurde zwar vordergründig aufgegeben, mit dem A-Zug wurde jedoch ein Subsystem für leistungsschwache Schüler:innen geschaffen, das vom Leistungsniveau, der Problematik der Lernenden und der sozialen Herkunft her weitgehend den alten Sonderklassen entspricht. Die Stigmatisierung bleibt bestehen: Auch der

---

18 Bzw. acht Jahre, wenn man die beiden Kindergartenjahre hinzurechnet.
19 P steht für «progymnasiale Anforderungen», E für «erweiterte Anforderungen», A für «allgemeine Anforderungen». Zur Problematik der «geteilten Sekundarschule» vgl. Sagelsdorff/Simons 2021, Crain 2021 sowie den Beitrag von Rebekka Sagelsdorff in diesem Buch.

A-Zug steht im Selbst- und Fremdverständnis der Lernenden für Ausgrenzung und Abwertung (Sagelsdorff/Simons 2021). In den «Spezialangeboten» schliesslich werden die leistungsschwächsten und verhaltensauffälligsten Kinder und Jugendlichen unterrichtet, deren Marginalisierung und Stigmatisierung noch ausgeprägter sein könnte, als dies in den früheren Kleinklassen der Fall war (Crain 2021 und 2023). Mit Birgit Herz (2010: 178) könnte man von einer «Ghettobildung im untersten Schulsegment» sprechen. Dabei hätte Basel-Stadt mit dem «integrierten Modell» durchaus eine fortschrittliche Variante wählen können – ein Modell, wie es in Kantonen unter anderem der französischen Schweiz gebräuchlich ist. Hier kennt die Sekundarstufe I keine Leistungszüge. Alle Schüler:innen besuchen die gleiche Klasse, wobei die meisten Fächer in der Stammklasse, einzelne Fächer in Niveaugruppen unterrichtet werden (Sagelsdorff/Simons 2021).

Basel-Stadt bekannte sich mit der letzten Schulreform zur integrativen Schule, im Sinne der UNO-Konvention also zu einem fortschrittlichen Schulkonzept. Schaut man jedoch genau hin, stellt diese Schulreform aus meiner Sicht eher einen Rückschritt dar: Das Prinzip der Konkurrenz, der Kontrolle und der frühen Selektion hat sich durchgesetzt. Die integrative Idee wird überlagert und tendenziell untergraben: Bereits in der Primarschule werden die Kinder und ihre Angehörigen auf die im letzten Primarschuljahr erfolgende Selektion vorbereitet. Der Leistungsdruck ist entsprechend gross. Die Angst vor der Zuteilung in einen tieferen oder gar den tiefsten Leistungszug – eine Selektion, die durchaus zu Recht als eine frühe Zuteilung von Berufs- und Lebenschancen wahrgenommen wird – durchdringt bereits die Primarschuljahre. Im Konzept der integrativen Schule ist ein Versprechen enthalten, das mit dem baselstädtischen Schulsystem nicht eingelöst wird (Crain 2021).

Es sind fast unauflösbare Widersprüche, mit denen die Lehrpersonen konfrontiert sind. Viele fühlen sich überfordert. Für diese Überforderung gibt es auch grundsätzliche, strukturelle – bildungspolitische und politische – Gründe. Im Sinne des neoliberalen Credos, dass jeder und jede für das Leben primär selbst verantwortlich ist, wird die Überforderung tendenziell als individuelle interpretiert – als individuelles Scheitern, im schlimmsten Fall als individueller Burn-out, der dann unter Umständen medizinisch oder psychotherapeutisch zu behandeln ist. Denkbar ist auch – dies ist eine zweite Möglichkeit, auf Überforderung zu reagieren –, dass Lehrpersonen vermehrt mit Straf- und Belohnungssystemen arbeiten in der Hoffnung, Kontrolle über das Unterrichtsgeschehen zu erlangen. Die Frage, wer aus einem Konflikt als Gewinnerin oder Verlierer hervorgeht, dominiert. Die Idee der Partnerschaftlichkeit und gegenseitigen Anerkennung geht verloren oder verliert zumindest an Bedeutung. Zu beobachten ist drittens die Tendenz, Konflikte im Unterricht, die grundsätzlich immer Probleme in zwischenmenschlichen Verhältnissen sind, zu individualisieren und zu pathologisieren. Kindern wird eine Diagnose wie eine Etikette zugeschrieben mit der Folge, dass ein eigentlich systemisch zu verstehendes Problem individuell behandelt wird. Im Kind drin ist dann eine Störung, die auch im Kind drin behandelt bzw. repariert werden muss. In vielen Fällen ist eine individuelle Therapie aber der falsche Weg. Das Problem kann in manchen Fällen sogar verschlimmert werden (Omer/Schlippe 2017: 117 u. 141). Eine vierte Reaktionsmöglichkeit schliesslich ist die Rückkehr zum separativen Modell. Viele Lehrpersonen in Basel-Stadt stehen dem integrativen Modell heute skeptisch bis ablehnend gegenüber. Sie verlangen mit einer politischen Initiative eine Rückkehr zum alten System der Separierung. Niederschwellig sollen vor allem verhaltensauffällige Kinder und Jugendliche in neu zu bildende sogenannte Förderklassen verwiesen werden. Der Begriff «Förderklassen» täuscht darüber hinweg, dass es eine eigentliche Aussonderungsinitiative ist. Der Wunsch, die schwierigen und störenden Kinder wegzuschicken, ist aber «Ausdruck des ohnmächtigen Gefühls, dass das normale Schulsystem […] nicht in der Lage [ist], sich einer Auseinandersetzung mit ihnen zu stellen» (ebd. 319). Die Initiative erscheint als Weg, um Probleme zu lösen, die im selektionierenden Leistungskonzept der Schule und der Gesellschaft angelegt sind (Crain 2023).

Schlussfolgerungen

Dieses Buch will eine Aufforderung zur kritischen Reflexion sein. Er soll dazu anregen, dass man genau hinschaut, was in der einzelnen Unterrichtsstunde geschieht, wie im Kontext der Schule gedacht und gehandelt wird und in welcher Weise die Schule in die Gesellschaft eingebunden ist. Der Akt des genauen Hinschauens und der Reflexion ist anspruchsvoll. Ein hoher Beamter des Basler Erziehungsdepartementes meinte einmal im persönlichen Gespräch, die Bedeutung der strukturellen Reformen im Bildungsbereich dürfe nicht überschätzt werden. Lehrpersonen seien Weltmeister im Widerstand gegen Neuerungen aller Art. Es mag tatsächlich scheinen, als würde heute in Grundzügen wie früher unterrichtet, als passiere viel auf der Ebene der Reformen, relativ wenig ändere sich aber im schulischen Alltagsbetrieb. Aber es könnte auch ganz anders sein. Veränderungen im Verlauf der verschiedenen Schulreformen, der Wandel der Gesellschaft von einer Industrie- zu einer Dienstleistungsgesellschaft, die Veränderungen in der Klassenstruktur der postmodernen Gesellschaft, vor allem die Ökonomisierung von Bildung und Ausbildung,[20] all

---

20 Im Grunde kann Bildung nicht zur Ware werden, da sie, wenn sie zur Ware geworden ist, keine Bildung mehr ist.

dies durchdringt oft unmerklich den Alltag der Schule. «Die ökonomische Eroberung des Bildungswesens», so der Bildungsforscher Krautz, «geschieht schleichend, aber umso radikaler» (Krautz 2009: 94).

Eine erste Schlussfolgerung lautet: Will die Schule ihr Potenzial, ein Raum der Begegnung und der Emanzipation zu sein, realisieren, braucht es Lehrpersonen mit einer ausgeprägten Reflexionsbereitschaft. Nötig ist nicht zuletzt *gemeinschaftliche* Reflexion. Lehrer:innen, Fachpersonen und Schulleitungen sollten sich gemeinsam Zeit nehmen, um darüber nachzudenken, was eine gute Schule, was ein guter Unterricht ist oder welches die expliziten und welches nicht zuletzt die impliziten – die «heimlichen» – Ausbildungs- und Bildungsziele sind. Wenn die Lehrpersonen gemeinsam über die strukturellen Bedingungen des Lernens und Unterrichtens nachdenken, verlieren sie das unter Umständen deprimierende Gefühl, dass sie allein für unbefriedigende Lehr- und Lernvorgänge verantwortlich sind. Sie erkennen eher, dass Momente der Überforderung nicht einfach mit der eigenen Unzulänglichkeit zu tun haben müssen, sondern dass sie auch strukturell bedingt sein können.

Gemeinsame Reflexion, individuelles und kollektives Engagement, das Finden und Ausnutzen der Freiräume und Möglichkeitsräume reichen also nicht. Es entlastet nicht von strukturellen Veränderungen, womit die politische Ebene angesprochen ist. Am Beispiel des baselstädtischen Schulsystems sollte verdeutlicht werden, was damit gemeint ist. Ausgangspunkt war das Versprechen der integrativen Schule. Wenn sie mehr sein soll als eine organisatorische Massnahme oder gar eine Methode zur Reduktion von Kosten teurer sonderschulischer Methoden und Einrichtungen, dann darf der Konkurrenz- und Selektionsgedanke in der Schule nicht das grosse Gewicht haben, das er heute hat. Dann darf es kein System der

Leistungszüge auf der Ebene der Sekundarstufe I geben, in der sich Schüler:innen ausgegrenzt, abgehängt und stigmatisiert fühlen, sodass sie mit zunehmender Passivität, schulischem Desinteresse, aber auch mit Aggression und unter Umständen mit Gewalt reagieren. Es wäre kein allzu grosser struktureller Eingriff, würde man in Basel die «geteilte» durch die «integrierte Sekundarschule» ersetzen. Man würde damit dem Versprechen der integrativen Schule eher gerecht werden. Und es wäre, im Sinne des «Humankapitals», auch ein sinnvoller Schritt, da die leistungsstarken Kinder nicht benachteiligt, die – teilweise nur partiell – leistungsschwächeren Kinder aber ungleich besser gefördert würden (ebd.). Nicht zuletzt würde die Primarschule von einem allgegenwärtigen Konkurrenzdenken und zugleich von Zukunftsangst entlastet, die den schulischen Alltag der Schüler:innen und ihrer Angehörigen von den ersten Schuljahren an prägen und belasten können.

Gibt es Grund zum Pessimismus?

Wie aber steht es mit der geforderten Reflexionsfähigkeit als Grundlage einer notwendigen Reformbereitschaft? Wie steht es mit der Bereitschaft zur Kooperation mit anderen, wie steht es mit der Lust, sich zu binden und verpflichtende Beziehungen einzugehen? Wissenschaftlichen Untersuchungen in den USA zufolge hat, so der Psychologe Carl Strenger (2017: 37), die Bereitschaft, sich für die Gemeinschaft zu engagieren, im Laufe der letzten Jahrzehnte «dramatisch abgenommen». In einer Langzeitstudie an der University of Michigan wurden 14.000 Studierende über die Zeit von 1979 bis 2009 im Hinblick auf «dispositionelle Empathiefähigkeit» getestet. Die Empathiefähigkeit nahm in 30 Jahren um 40 Prozent ab, die kompetitive Orientierung nahm entsprechend zu (Rosa 2018: 311). Auch Birgit Herz (2010: 184) beobachtet bei deutschen Studierenden der Sonderpädagogik einen Rückgang an selbstreflexiven Fähigkeiten. Vorausgesetzt, diese Beobachtungen und Forschungsergebnisse lassen sich verallgemeinern – womit könnte dies zu tun haben?

Es könnte mit einer allgemeinen und zunehmenden Angst, mit alltäglichem Stress und Unsicherheit zu tun haben: Mit der Angst vor der Zukunft, die durch die Klimakrise und den Rückgang der Biodiversität spürbar bedroht ist; mit der Angst vor einer erneuten Wirtschafts- und Finanzkrise und mit der Angst vor dem sozialen Abstieg – und seit dem Einfall der russischen Armee in die Ukraine wieder verstärkt mit Angst vor dem Krieg. Es könnte mit dem alltäglichen Stress zu tun haben, den ein konkurrenzgetriebener beruflicher Alltag produziert. Es könnte mit einem fortschreitenden Verlust von individueller Freiheit im Sinne von Selbstermächtigung und Gestaltungsvermögen zu tun haben – mit dem normativen Druck, sich funktionsgerecht zu verhalten, wobei – so die Erziehungswissenschaftlerin Margret Dörr (2010: 198) – gleichzeitig auf Selbstbestimmung, Selbstorganisation und Selbstbeobachtung insistiert werde.

Der Rückgang von Reflexionsbereitschaft könnte mit der *Digitalisierung* zu tun haben. Wirtschaft und Politik fordern seit einiger Zeit, dass sich die Schule auf die Herausforderungen der digitalen Zukunft besser einstellen solle. Es brauche mehr Mittel für mehr Computer und mehr Software, es brauche mehr Informatikstunden an der Schule. Der Leiter der pädagogischen Arbeitsstelle des Dachverbands Lehrerinnen und Lehrer Schweiz meinte 2017 in einem Beitrag der NZZ,[21] die Zukunft gehöre dem individualisierten, altersdurchmischten Lernen. Schüler:innen würden in Zukunft Lernaufgaben auf einem Tablet lösen, sie würden die Fragen eines

---

21 «Die Schonzeit ist vorbei», NZZ am Sonntag, 11. Juni 2017.

Lernroboters beantworten, ihre Leistungen würden fortlaufend und unmittelbar bewertet und den Lernenden zurückgemeldet und die Aufgaben würden individuell angepasst. Software zur Gesichtserkennung könne dazu dienen, Motivationsprobleme festzustellen. Wir befinden uns, so die übereinstimmende Meinung, in einem umfassenden und tiefgreifenden Transformationsprozess, wobei sich die Digitalisierung auf die Beziehung des Menschen zu sich selbst und zu anderen auswirken wird.

Viel spricht also dafür, dass die digitale Entwicklung das schulische Lernen beeinflusst und in Zukunft noch stärker beeinflussen wird. Bereits jetzt hat der ausserschulische Bereich eine immer grössere Bedeutung; die Schule hat ihr Informationsmonopol verloren. Gewisse Bildungspolitiker:innen fordern denn auch die Abschaffung der Schule (vgl. z.B. Bessard/Hoffmann 2017). Private kommerzielle Unternehmen könnten die Lerninfrastruktur anbieten; das eigenverantwortliche Lernen würde gefördert. Bereits heute sind tendenziell nur grosse gewinnorientierte Konzerne in der Lage, digital aufbereitetes Lernmaterial anzubieten. Die Digitalisierung dient dabei nicht zuletzt dazu, einen milliardenschweren Bildungsmarkt zu erschliessen. Wenn sich die Schule dem digitalen Imperativ jedoch unreflektiert unterwirft, wird die digitale Transformation zerstörerische Konsequenzen für die Bildung haben. Gefördert wird dann die Individualisierung im Sinne einer Vereinzelung und Entsolidarisierung. Gefördert wird tendenziell die Idee eines eigenverantwortlichen Lernens, wobei die Lehrperson nur noch als Lerncoach tätig ist, während die entscheidende Beziehung jene zwischen den Schüler:innen und dem Computer ist. Es ist dies jedoch eine «Beziehung der Beziehungslosigkeit» (Eva Jaeggi, zit. nach Rosa 2018: 305). Computern fehlt die genuin menschliche Qualität. Sie empfinden nicht wirklich, sie verfügen nicht über Selbstreflexion, besitzen keine sinnliche Qualität, machen keine unabsichtlichen Fehler, werden nie wütend und sind nie enttäuscht. Die physische Welterfahrung ist beim digitalisierten Lernen extrem reduziert (Rosa 2018: 155). Vor allem aber: Die Gefahr besteht, dass sich die Lehrpersonen scheinbar aus der Beziehung herausnehmen. Nicht sie geben die Aufgabe vor, nicht sie bewerten Wissen, Kenntnisse und Leistungen und nehmen damit Konflikte in Kauf. Es gibt scheinbar keine Machtverhältnisse mehr. Schüler:innen lernen, dass Macht unpersönlich ist und dass man sich gegen eine unpersönliche Macht nicht zur Wehr setzen kann. Hinter den scheinbar unpersönlichen und objektiven Machtverhältnissen verbergen sich jedoch sehr wohl gesellschaftliche Macht- und Kontrollinteressen.

Der Rückgang des selbstreflexiven Wissens, parallel dazu der zunehmende Glaube an das Machbarkeitsversprechen scheinbar leicht umsetzbarer «evidenzbasierter Programme» im Bereich der pädagogischen Ausbildung, könnte auch mit dem Verschwinden der Psychoanalyse bzw. psychodynamischer Theorien aus dem Curriculum der Pädagogischen Hochschulen zu tun haben. Die Psychoanalyse ist eine Theorie, in welcher die Dimensionen der Geschichtlichkeit und der unbewussten Antriebe des Menschen im Zentrum stehen. Sie ist eine moderne Theorie menschlichen Verhaltens, die sich auch auf Erkenntnisse der (ursprünglich in der Psychoanalyse beheimateten) Bindungsforschung, der Hirnforschung und der Kleinkindforschung stützt. Die Psychoanalyse ist insbesondere eine Beziehungswissenschaft. Der Aspekt der Beziehung steht im Zentrum psychodynamischer Theorie und Forschung. Keine wissenschaftliche Disziplin befasst sich so grundsätzlich und differenziert mit dem Aspekt der Beziehung wie die Psychoanalyse. Sie müsste deshalb gerade im pädagogisch-schulischen Ausbildungsbereich von grosser Bedeutung sein. Und nicht zuletzt:

Die Psychoanalyse ist eine kritische Wissenschaft. Sie hinterfragt die Machbarkeitsfantasien in der modernen Ökonomie, in der Technologie sowie in Wissenschaft und Forschung. Die Psychoanalyse ist deshalb eine unbequeme Theorie. Auch deshalb könnte sie in den heutigen Verhaltens- und Sozialwissenschaften – im Gegensatz zur Zeit meines Psychologiestudiums in Zürich und Basel – keine oder nur eine untergeordnete Rolle spielen.[22]

Es gibt, schaut man sich zum Beispiel die erwähnten Untersuchungen über Empathie und Reflexionsfähigkeit an, durchaus Gründe, pessimistisch zu sein. Gibt es heute noch die Leidenschaft für die Freiheit, von der Hannah Arendt (2018) sprach? Gibt es noch «bewegende Utopien» (Eppler 1983) und Visionen einer Welt, wie sie sein könnte, oder haben wir die entfremdeten und entfremdenden Formen von Weltbeziehung schon so verinnerlicht, dass wir uns Alternativen gar nicht mehr vorstellen können?

---

22 Ausführlich hat sich der Soziologe Gerd Vinnai (1993) mit der Vertreibung kritischer psychodynamischer Theorie aus dem akademischen Wissenschaftsbetrieb befasst; vgl. auch Crain 2009.

Epilog: Rebecca

Rebecca war 19 Jahre alt, als sie in die Klinik eintrat, in welcher der britisch-amerikanische Neurologe Oliver Sacks arbeitete.[23] Die junge Frau war, so ihre Grossmutter, wie ein Kind. Rebecca war unfähig, sich in der nächsten Umgebung ihres Wohnorts zurechtzufinden. Sie besass kein Raumgefühl und wusste zum Beispiel nicht, wie man eine Tür mit einem Schlüssel öffnet. Manchmal zog sie ihre Kleider verkehrt herum an und bemerkte es nicht. Sie konnte endlos Zeit damit verbringen, einen Handschuh oder einen Schuh anziehen zu wollen, ohne dass sie merkte, dass es der falsche Schuh, der falsche Handschuh war; sie war motorisch sehr unbeholfen. Sie sah zudem schlecht und trug dicke Brillengläser. Weil sie einen gespaltenen Gaumen hatte, bekam ihr Sprechen einen pfeifenden Beiklang. Rebecca war ausserordentlich scheu und zog sich vor anderen Menschen zurück. Sie hatte das Gefühl, eine «figure of fun» zu sein – eine Person, über die man sich lustig machte. Allerdings fühlte sie sich von ihrer Grossmutter sehr angenommen. Ihre Grossmutter zog sie auf, nachdem Rebeccas Eltern gestorben waren, als sie drei Jahre alt war. Ihre Grossmutter las ihr immer wieder Geschichten vor. Rebecca liebte Geschichten, sie liebte Gedichte. Aber obwohl sie sich sehr bemühte, sie lernte nicht selbst zu lesen.

Oliver Sacks sah seine junge Patientin zuerst in der Klinik. Psychologische Tests belegten ihren tiefen IQ von 60, ihre neurologischen Defizite, die Tatsache, dass viele kognitive und motorische Funktionen nur unzulänglich ausgebildet waren. Einmal allerdings traf Sacks Rebecca ausserhalb seines Untersuchungszimmers an, als er auf dem Weg zur Klinik den dazugehörigen Park durchquerte. Es war ein wunderschöner Frühlingstag. Rebecca sass allein

---

23 Ich zitiere aus der englischsprachigen Ausgabe von Oliver Sacks Buch «The Man Who Mistook His Wife for a Hat» (2011).

auf einer Bank. Sie schien wie entrückt, sie genoss die Umgebung; ihr Gesicht wirkte offen und beglückt. Als Oliver Sacks sie ansprach, sprudelten Worte aus ihr heraus, die Sacks als Ausdruck einer tiefen Poesie empfand. Sie war, so schrieb Sacks, in der Welt der Poesie zu Hause. Sie war allerdings darauf angewiesen, dass man ihr die Welt erzählte. Es war erstaunlich, so Sacks, wie gut Rebecca Metaphern und Symbole verstand, wenn sie ihr in einem Gedicht vorgelesen wurden. Umgekehrt hatte sie grösste Mühe, einfache Anweisungen oder Begriffe zu verstehen. Später sah Sacks sie tanzen, und wenn sie tanzte, verlor sie ihre motorische Unbeholfenheit. Dann war sie jemand ganz anderes als eine junge Frau mit defizitären Funktionen und einer mithilfe psychologischer Tests gemessenen geistigen Behinderung. Dann war Rebecca eine in vielerlei Hinsicht begabte junge Frau.

Natürlich sollte es in der Klinik auch darum gehen, ihr ein gewisses Mass an schulischer Bildung beizubringen; das war ein Teil dessen, was man «Developmental and Cognitive Drive» nannte. Rebecca allerdings wehrte sich dagegen: «I want no more classes, no more workshops», meinte sie. «They do nothing for me, they do nothing to bring me together ... the classes, the odd jobs have no meaning ... what I really love, is the theatre.» Was Rebecca wirklich liebte, was sie wirklich brauchte, waren Theater, Musik, Rituale. Rebecca liebte es, in die Synagoge zu gehen, die jüdischen Rituale mitzumachen, am Sabbat die Kerzen anzuzünden und die Gebete mitzusprechen. Dann hatte sie ein Gefühl von Kohärenz, von Freiheit, dann vergass sie, dass sie eine «Figure of fun» war. Und auch Oliver Sacks fragte sich, ob die Programme zur Förderung ihrer kognitiven Fähigkeiten nicht der ganz falsche Weg seien. Brachte man Rebecca damit nicht bis an ihre Grenzen, wie man es in ihrem bisherigen Leben immer wieder auf – so Sacks – «geradezu grausame Weise» getan hatte?

Was mich bei den Fallbeschreibungen in den Büchern von Sacks beeindruckt, ist die Tatsache, dass er eben keine «Fälle» vorstellt und analysiert, sondern von lebendigen Menschen erzählt, deren Persönlichkeit immer komplexer wird, je mehr man sie kennenlernt. In diesen Fallerzählungen spielen die Musik, die Malerei oder das Theater eine ganz grundlegende Rolle. Was man als kreativen Moment bezeichnen kann, hatte bei vielen Menschen mit schweren neurologischen Problemen oft einen heilenden Effekt. Nicht dass die neurologischen Ausfälle und Hypertrophien verschwanden; in den meisten Fällen waren diese nicht zu beheben. Die Musik, das Theater wie bei Rebecca oder die Malerei aber gaben ihnen die Möglichkeit, sich als ganze, als kohärente Persönlichkeiten zu erfahren und das Leben als lebenswert zu erleben. Musik, Malerei, Theater vermittelten ihnen ein Gefühl der individuellen Freiheit, so eingeschränkt sie in ihren lebenspraktischen Möglichkeiten auch gewesen sein mochten.

Was lesen wir aus diesem Beispiel «Rebecca» heraus, warum steht Rebeccas Geschichte (von der wir nicht wissen, wie sie weiter gegangen ist) am Ende dieses Texts? Das Beispiel von Rebecca schliesst an die Diskussion der inklusiven bzw. der integrativen Schule an und geht gleichzeitig über sie hinaus. In der Inklusionsdiskussion steht üblicherweise der Gedanke der Gleichheit im Zentrum. Wenn immer möglich sollen alle Kinder die Regelschule besuchen. Die Freiheit, dies *nicht* zu tun, ist in der Regel nicht vorgesehen, separative Momente oder gar längere separative Phasen betrachtet man als eine letztlich minderwertige Lösung, auch wenn sie unumgänglich sein können. Rebecca aber wehrt sich gegen diese allzu verengte Definition von Inklusion.[24] Es geht ihr sehr wohl um

---

24 Die US-amerikanische Philosophin Martha Nussbaum, eine explizite Befürworterin inklusiver Bildung, betont in ihrem Buch «Frontiers of Justice» (2010) – der englische Titel gibt das Anliegen von Nussbaum besser wider als der deutsche Titel «Grenzen der Gerechtigkeit», da es um Grenz*bereiche*, nicht eigentliche

die Möglichkeit, dabei zu sein, als gleichwertig anerkannt zu sein, ihr Leben mit anderen gemeinsam gestalten zu können. Sie wehrt sich jedoch gegen das, was sie als «odd» erlebt, was sie als – für sich – bedeutungslos empfindet. Sie würde sich, so könnte man vermuten, *gegen* «classes» und «workshops» im Rahmen eines integrativen Unterrichts gewehrt haben, da die üblichen Lerninhalte und die üblichen Unterrichtsmethoden in ihrem Erleben nichts dazu beigetragen hätten, ihr ein Gefühl von Kohärenz, von Freiheit und individueller Bedeutsamkeit zu verschaffen.

Rebeccas Geschichte enthält ein utopisches Element. Es ist, als wäre die marxsche Idee, dass in der entwickelten menschlichen Gesellschaft jeder Mensch nach seinen Fähigkeiten und nach seinen Bedürfnissen leben könne, Wirklichkeit geworden. Natürlich ist das eine verkürzte Darstellung; nicht alles konnte und kann Rebecca gewährt werden; und natürlich plädiere ich nicht für einen Verzicht auf schulisches Lernen. Zugleich öffnet ihre von Oliver Sacks berichtete Geschichte den Blick auf ein mögliches Leben, das selbstbestimmt und frei ist, zugleich bezogen auf andere, die ebenfalls frei und selbstbestimmt leben – weshalb es eine soziale Freiheit im Sinne von Axel Honneth ist und niemals eine absolute Freiheit. Rebecca steht in meinem Verständnis für eine «bewegende Utopie» im Sinne des deutschen Politikers Erhard Eppler. Beides ist wichtig, dass wir Menschen eine bewegende Utopie haben, wobei wir gleichzeitig wissen, dass diese Utopie niemals vollständig erreicht werden kann.

<small>Grenzen geht –, dass es in Einzelfällen durchaus sinnvoll sein könne, Kinder in speziellen Sonderschulen zu unterrichten. Sie bezieht sich dabei auf ihren Neffen Arthur, der eine Autismus-Spektrum-Störung sowie das Tourette-Syndrom hatte. Arthur konnte in der öffentlichen Schule in seinen Fähigkeiten und vor allem in seiner Autonomie nicht genügend gefördert werden. In einer separativen Spezialschule entwickelte Arthur seine Fähigkeiten, seine Selbstachtung und seine – eingeschränkten – Möglichkeiten gesellschaftlicher Teilhabe. In einer eigenen Untersuchung (Crain 2012) habe ich auf die positiven Möglichkeiten einer stationären (separativen) Massnahme – der Heimerziehung – hingewiesen.</small>

Das Beispiel von Rebecca macht im Weiteren deutlich, wie wichtig der Aspekt der Beziehung ist. Der US-amerikanische Entwicklungsforscher Daniel Stern beschrieb den psychotherapeutischen Prozess als ein «moving along», indem es in der Begegnung zweier Menschen immer wieder einen offenen Raum gibt, in dem etwas Neues entsteht (Stern 2005). Es sind, in Sterns Worten, «moments of meeting», in denen Menschen ihr Gefühl von individueller Freiheit und gleichzeitig von Verbundenheit mit anderen erfahren und entwickeln können. Es sind – in der Schule, in einer Therapie, in der Begegnung mit anderen Menschen ganz allgemein – Glücksmomente. Im Fall von Rebecca gab es diesen Prozess des «moving along», indem sie sozusagen neu entdeckt wurde und sich selbst neu entdeckte. Es brauchte dazu den Neurologen Oliver Sacks, der sie nicht einfach als eine Patientin und als ein Bündel neurologischer und kognitiver Defizite sah. Es brauchte eine Klinik, die keine totale Institution sein wollte, sondern eine Institution, die das Moment der Fürsorge und der individuellen Freiheit ins Zentrum stellte. Die Grossmutter spielte eine entscheidende Rolle, die jüdische Gemeinde war wichtig. Und nicht zuletzt Rebecca selbst.

In meinem Text habe ich immer wieder darauf hingewiesen, dass die Schule als Beziehungsraum, als Raum der Fürsorglichkeit, Emanzipation und Begegnung, gefährdet ist. Es gibt mehrere Gründe, pessimistisch in die Zukunft zu schauen. Aber es gibt auch vielerlei Zeichen der Hoffnung. Die Einsicht nimmt – nicht zuletzt angesichts der Klimakrise – zu, dass wir Auswege aus einer Lebensweise brauchen, in der das Profitstreben, das Denken und Handeln in Kategorien von Konkurrenz und Ungleichheit und die umfassende Ökonomisierung aller Lebensbereiche bestimmend sind.

Die Schule ist ein Raum, in dem sowohl die Kinder und Jugendlichen als auch die Lehrpersonen ihr Potenzial an Vernunft und individueller Freiheit entfalten können; in dem sie lernen können, zu kooperieren und Konflikte auf konstruktive Weise auszutragen. Die Schule ist jedoch keine Insel. Ihre Einflussmöglichkeiten sind begrenzt. Auch eine integrative Schule schafft keine Welt, in der nicht Menschen ausgegrenzt werden, ihres Geschlechts, ihrer Hautfarbe, ihrer Herkunft, ihrer Beeinträchtigungen wegen. Münch erwähnt in seiner Analyse des US-amerikanischen Bildungssystems eine Untersuchung der American Statistical Association von 2014, die zum Schluss kommt, dass nur ein geringer Prozentsatz der Schülerleistungen auf Effekte der Lehrpersonen zurückzuführen sei, während der Einfluss demografischer Faktoren, zum Beispiel das familiäre Einkommen und der soziale Hintergrund, viel dominanter seien (Münch 2018: 264). Wider «besseres Wissen (werde) nahezu die gesamte Inklusionsleistung der Gesellschaft der Schule und letztendlich der Lehrerschaft übertragen». Wider besseres Wissen werde die Lehrerschaft zum «Sündenbock für die Versäumnisse der Sozialpolitik» gemacht (ebd.: 148). Eine noch so gute Bildungspolitik ersetzt eine gute Sozialpolitik nicht. Die Ungleichheit der Bildungschancen und die Ungleichheit der Lebenschancen können durch einen noch so guten Unterricht allein nicht kompensiert werden.

Die Schule als Beziehungsraum, wie sie hier skizziert wurde, vermag andererseits durchaus zu zeigen, wie ein Beziehungsraum «Gesellschaft» gestaltet werden könnte. Am Mikrokosmos Schule kann gezeigt werden, wie sich der Beziehungsaspekt auch im Makrokosmos Gesellschaft auswirkt.

Es lohnt sich, die Krisen der modernen Gesellschaft – die Umweltkrise, die Klimakrise, die gesellschaftspolitischen Krisen und nicht zuletzt moderne Kriege – auch als Krisen der Beziehung zu sehen.

Arendt, H. (2018). *Die Freiheit, frei zu sein.* 7. Aufl., München: dtv.

Beckert, S. (2019). *King Cotton: Eine Geschichte des globalen Kapitalismus.* München: C.H. Beck.

Bettelheim, B. (2000). *Kinder brauchen Märchen.* 22. Aufl., München: dtv.

Benjamin, J. (1996). *Phantasie und Geschlecht: Psychoanalytische Studien über Idealisierung, Anerkennung und Differenz.* Frankfurt a. M.: Fischer.

Benjamin, J. (2004). *Die Fesseln der Liebe: Psychoanalyse, Feminismus und das Problem der Macht.* 3. Aufl., Frankfurt a. M.: Stroemfeld/ Nexus.

Bessard, P./Hoffmann, C. (Hrsg.) (2017). *Markt für Bildung: Die Vorteile von Vielfalt und Wettbewerb.* Zürich: Edition Liberales Institut.

Bigler, R. R. (1963). *Der libertäre Sozialismus in der Westschweiz: Ein Beitrag zur Entwicklungsgeschichte und Deutung des Anarchismus.* Köln/ Berlin: Kiepenheuer & Witsch

Camus, A. (2013). *Sämtliche Dramen.* Reinbek bei Hamburg: Rowohlt.

Crain, F. (2007). *Dummlinge, bucklige Hexen, böse Stiefschwestern und Zwerge. Vom Umgang des Märchens mit Behinderung.* Bern: Haupt.

Crain, F. (2009). Vom schwierigen Kind zu den schwierigen Verhältnissen: Plädoyer für die kritische Reflexion in der Ausbildung. In: Meier, Rey, C. *Schwierige Zeiten – schwierige Kinder: Von Herausforderungen für Kinder und Jugendliche durch Globalisierung und Neoliberalismus.* Bern: Haupt, S. 15–29.

Crain, F. (2011). *Fürsorglichkeit und Konfrontation: Psychoanalytisches Lehrbuch zur Arbeit mit sozial auffälligen Kindern und Jugendlichen.* 2. Aufl., Giessen: Psychosozial.

Crain, F. (2012). *Ich geh ins Heim und komme als Einstein heraus: Zur Wirksamkeit der Heimerziehung.* Wiesbaden: VS Verlag für Sozialwissenschaften.

Crain, F. (2015). Anpassung und Wettbewerb: Leistungsvergleiche als Kontrollmittel. In: *vpod bildungspolitik*, 194/Dezember 2015, S. 12–15.

Crain, F. (2016a). Wie sich der Ökonomismus auf die Bildung auswirkt, dargestellt am Beispiel der USA. Jahrbuch des Denknetz. *Migration ohne Grenzen*, S. 195–207.

Crain, F. (2016b). Vom Alleinsein des Menschen in Gegenwart der Anderen. *Fromm Forum* 20/2016, S. 93–99.

Crain, F. (2016c). Die psychoanalytische Arbeit mit Jugendlichen. In: Poscheschnik, G./Traxl, B. (Hrsg.). *Handbuch Psychoanalytische Entwicklungswissenschaft: Theoretische Grundlagen und praktische Anwendungen.* Giessen: Psychosozial-Verlag, S. 465–483.

Crain, F. (2018). Die innere und äussere Ökonomisierung in der Bildung. In. Jahrbuch Denknetz. *Bildung und Emanzipation*, S. 9–16.

Crain, F. (2019). Selbstbestimmung? Freie Schulwahl? Bildungsvielfalt? Kritische Gedanken zur Privatisierung in der Bildung. In: *vpod bildungspolitik*. 214/Dezember 2019, S. 5–9.

Crain, F. (2021). Die Ausgegrenzten des A-Zugs und das Versprechen der integrativen Schule. In: *Widerspruch*, Nr. 76 (21), S. 11–17.

Crain, F. (2023). Ist die integrative Schule am Ende? In: *Denknetz-Zeitung*, Nr. 13, S. 19–21.

Crain, F./Daellenbach, R. (2019). Was für eine Bildung braucht die Demokratie? In: Daellenbach, R./Ringger, B./Zwicky, P. (Hrsg.). *Reclaim Democracy: Die Demokratie stärken und weiterentwickeln.* Zürich: Edition 8, S. 66–72.

Datler, W. (2004). Die heilpädagogische Beziehung als Gegenstand der Reflexion und Ort der Veränderung. In: Kannewischer, S. u.a. (Hrsg.). *Verhalten als subjektiv-sinnhafte Ausdrucksform.* Bad Heilbrunn: Klinkhardt, S. 116–126.

Dörr, M. (2010). Über die Verhüllung der Scham in der spätmodernen Gesellschaft und ihre Auswirkungen auf die pädagogische Praxis. In: Dörr, M./Herz, B. (Hrsg.). *«Unkulturen» in Bildung und Erzieh-*

ung. Wiesbaden: VS Verlag für Sozialwissenschaften, S. 191–207.

Eppler, E. (1983). *Die tödliche Utopie der Sicherheit*. Reinbek bei Hamburg: Rowohlt.

Fonagy, P. (2003). *Bindungstheorie und Psychoanalyse*. Stuttgart: Klett-Cotta.

Fonagy, P./György, G./Jurist, E./Target, M. (2004). *Affektregulierung, Mentalisierung und die Entwicklung des Selbst*. Stuttgart: Klett-Cotta.

Fraser, N. (2023). *Der Allesfresser: Wie der Kapitalismus seine eigenen Grundlagen verschlingt*. 2. Aufl., Berlin: Suhrkamp.

Freud, S. (1948). Das Unbehagen in der Kultur [1930]. In: Freud, S. *Gesammelte Werke*. Bd. XIV. Frankfurt a. M.: Fischer, S. 419–506.

Freud, S. (1950). Warum Krieg? [1932] In: Freud, S. *Gesammelte Werke*. Bd. XVI. Frankfurt a. M.: Fischer, S. 11–27.

Fromm, E. (1980a). Die Furcht vor der Freiheit [1941]. In: Fromm, E. *Gesamtausgabe*, Bd. 1. Stuttgart: Deutsche Verlags-Anstalt, S. 215–392.

Fromm, E. (1980b). Anatomie der menschlichen Destruktivität [1973]. In: Fromm, E. *Gesamtausgabe*. Bd. 7. Stuttgart: Deutsche Verlags-Anstalt.

Funk, R. (2018). *Das Leben selbst ist eine Kunst: Einführung in das Leben und Werk von Erich Fromm*. Freiburg u. a.: Herder.

Hellgermann, A. (2018). *kompetent. flexibel. angepasst. Zur Kritik neoliberaler Bildung*. Münster: Edition ITP-Kompass.

Herz, B. (2010). Neoliberaler Zeitgeist in der Pädagogik: Zur aktuellen Disziplinarkultur. In: Dörr, M./Herz, B. (Hrsg.). *«Unkulturen» in Bildung und Erziehung*. Wiesbaden: VS Verlag für Sozialwissenschaften, S. 171–189.

Honneth, A. (2015). *Die Idee des Sozialismus: Versuch einer Aktualisierung*. 3. Aufl., Berlin: Suhrkamp

Jaeggi, R. (2023). *Fortschritt und Regression*. Berlin: Suhrkamp.

Judt, T. (2010). *Ill Fares the Land: A Treatise on Our Present Discontents*. London: Penguin Books.

Krautz, J. (2009). *Ware Bildung: Schule und Universität unter dem Diktat der Ökonomie*. 2. Aufl., München: Diederichs.

Lorenz, K. (2002). *Das sogenannte Böse: Zur Naturgeschichte der Aggression*. 23. Aufl., München: dtv.

Mahler, M. S./Pine, F./Bergman, A. (2003). *Die psychische Geburt des Menschen*. 18. Aufl., Frankfurt a. M.: Fischer.

Münch, R. (2018). *Der bildungsindustrielle Komplex: Schule und Unterricht im Wettbewerbsstaat*. Weinheim/Basel: Beltz Juventa.

Neffe, J. (2017). *Marx: Der Unvollendete*. 3. Aufl., München: Bertelsmann.

Neill, A. S. (1994). *Theorie und Praxis der antiautoritären Erziehung: das Beispiel Summerhill*. 51. Aufl., Hamburg: Rowohlt.

Nussbaum, M. C. (2010). *Die Grenzen der Gerechtigkeit: Behinderung, Nationalität und Spezieszugehörigkeit*. Berlin: Suhrkamp.

Omer, H./Schlippe, A. von (2017). *Stärke statt Macht: Neue Autorität in Familie, Schule und Gemeinde*. 3. Aufl., Göttingen: Vandenhoeck & Ruprecht.

Ravitch, D. (2010). *The Death and Life of the Great American School System: How Testing and Choice Are Undermining Education*. New York: Basic Books.

Ravitch, D. (2013). *Reign of Error: The Hoax of the Privatization Movement and the Danger to America's Public Schools*. New York: Vintage Books.

Rosa, H. (2018). *Resonanz: Eine Soziologie der Weltbeziehung*. Berlin: Suhrkamp.

Sacks, O. (2011). *The Man Who Mistook His Wife for a Hat*. London u. a.: Picador.

Sagelsdorff, R./Simons, A. (2021). Schule als Stigma: Die Sekundarstufe I aus Sicht des untersten Leistungszugs. In: *Widerspruch*, Nr. 76 (21), S. 19–29.

Sennett, R. (2008). *Handwerk*. 3. Aufl., Berlin: Berlin Verlag.

Skinner, B. F. (1976). *Futurum Zwei: «Walden Two»: Die Vision einer aggressionsfreien Gesellschaft*. Reinbek bei Hamburg: Rowohlt.

Stern, D. N. (2005). *Der Gegenwartsmoment: Veränderungsprozesse in Psychoanalyse, Psychotherapie und Alltag*. Frankfurt a. M.: Brandes & Apsel.

Stern, D. N. (2007). *Die Lebenserfahrung des Säuglings*. 9., erw. Aufl., Stuttgart: Klett-Cotta.

Strenger, C. (2017). *Abenteuer Freiheit: Ein Wegweiser für unsichere Zeiten*. 4. Aufl., Berlin: Suhrkamp.

Vinnai, G. (1993). *Die Austreibung der Kritik aus der Wissenschaft: Psychologie im Universitätsbetrieb*. Frankfurt a. M./New York: Campus.

Winnicott, D. W. (1958). Über die Fähigkeit, allein zu sein. In: *Psyche*, 12 (1958), S. 344–352.

Winnicott, D. W. (2002). *Vom Spiel zur Kreativität*. 10. Aufl., Stuttgart: Klett-Cotta.

TEIL II

ANREICHERUNGEN UND ERGÄNZUNGEN

Karin Joachim
Rebekka Sagelsdorff
Luca Preite
Ruth Gurny

Der Ansatz der Neuen Autorität und die Schule als Ort der Begegnung

Karin Joachim

Einleitung:
Die Schule und ihre erzieherische Funktion

Die Schule erfüllt unterschiedliche und zum Teil widersprüchliche Funktionen. In ihrer symbolischen Funktion ist sie zuständig für die kulturelle Initiation der Schüler:innen. Sie hat darum besorgt zu sein, dass die Kinder und Jugendlichen dazu befähigt werden, an der Gesellschaft teilzuhaben und sie mitzugestalten. Weiter tradiert sie nebst Wissensbeständen auch Werte und Normvorstellungen und hat so eine die Gesellschaft stabilisierende Funktion. Auf der anderen Seite ist es die Aufgabe der Volksschule, den Kindern und Jugendlichen diejenigen Fertigkeiten und Kenntnisse zu vermitteln, die für die Ausübung ihres späteren Berufes relevant sind. Hier geht es um die Passung zwischen dem wirtschaftlichen Markt und den schulischen Inhalten. Und nicht zuletzt ordnet die Schule in der Selektionsfunktion über ihr Prüfungswesen die Schüler:innen einer Laufbahn zu (Fend 2008). Diese widersprüchlichen Funktionen lassen sich nicht konfliktfrei realisieren,

Criblez und Manz (2011) weisen denn auch auf die Grundkonflikte zwischen Bilden und Erziehen und Wissens- oder Persönlichkeitsbildung hin: Welchen Erziehungsauftrag hat die Schule? Und welchen Anteil hat Wissensvermittlung im Verhältnis zur Persönlichkeitsentwicklung?

Im Volksschulgesetz ist der erste Konflikt dadurch geregelt, dass die Schule in Bezug auf die Erziehung eine das Elternhaus ergänzende und unterstützende Funktion hat. Schule erzieht daher nicht direkt, aber sie kann die Erziehung unterstützen. Sie kann dies zum Beispiel, indem sie, wie es Fitzgerald Crain in «Beziehungsraum Schule» (Crain 2025) schreibt, Begegnungen ermöglicht. Begegnungen zwischen den Schüler:innen, zwischen den Schüler:innen und den Lehrpersonen, aber auch zwischen den Lernenden und dem Lernstoff oder den an der Schule Beteiligten und ihren Werten. Dies geschieht nicht ohne Reibung und ohne Widerspruch, denn um Resonanz zu erleben, braucht es auch Irritation und Widerstand (Rosa/Endres 2016). Wichtig ist indes die Art und Weise, wie damit umgegangen wird. So kann sich die Schule dann als Beziehungsraum entwickeln, wenn das Gegenüber sich nicht «zerstören» lässt und die «Zerstörung überlebt», so dass beide, Lehrpersonen und Kind, sich als eigenständige Subjekte begreifen und anerkennen (Crain 2025). Crain schreibt diesbezüglich treffend, dass hinter dem Verhalten der Erwachsenen in schwierigen Momenten immer die Vision einer anderen Beziehung, die auf gegenseitiger Anerkennung beruht, stehen sollte (Crain 2011, 300).

Die Idee, dass Erwachsene, Eltern und Lehrpersonen, lernen, auf die Bedürfnisse und Gefühle der Kinder einzugehen und gleichzeitig die Verantwortung für eine klare Führung und Begrenzung zu übernehmen, bildet auch die Basis des Ansatzes der Neuen Autorität. Dieser wurde Ende der 1990er-Jahre vom israelischen Psychologen Haim Omer und dem deutschen Psychologen Arist von Schlippe entwickelt. Ursprünglich wurde er in der Arbeit mit Familien und Jugendlichen angewendet, insbesondere im Kontext von herausfordernden Erziehungs- und Familiensituationen (Omer/Schlippe 2013). Der vorliegende Text erläutert zuerst den Hintergrund der Neuen Autorität, bevor er dann deren wichtigste Aspekte beleuchtet und zuletzt auf die Relevanz des Ansatzes für die Schule und die Umsetzung in der Schule eingeht.

Neue Autorität – theoretischer Hintergrund

In ihrem Grundlagenbuch «Stärke statt Macht» (2010) plädieren Omer und Schlippe für einen neuen Autoritätsbegriff. Sie tun dies in Abgrenzung zur traditionellen Autorität, die auf Statusgefälle, Disziplinierung und Kontrolle, auf unmittelbarem Gehorsam und auf Distanz beruht. Diese Art von Autorität, so die Autoren (ebd.: 24), wurde im letzten Jahrhundert als ein Relikt der überkommenen bürgerlichen Gesellschaft kritisiert. Stattdessen wurde nach einer Pädagogik gesucht, die Partnerschaftlichkeit ins Zentrum stellte und dem Kind Freiraum ohne Grenzsetzung oder Forderungen gewähren sollte in der Hoffnung, dass die Kinder so nicht frustriert würden und damit zu emotional gesünderen Menschen heranwachsen können als mit der autoritären Pädagogik. Allerdings zeigte die Forschung, dass Kinder, die in einem stark permissiven Umfeld aufwuchsen, keine positiven Erfahrungen in der Bewältigung von Schwierigkeiten machen und damit auch kein Gefühl der Kompetenz und der Selbstwirksamkeit entwickeln können.

Vor diesem Hintergrund stellen die Autoren folgende Frage: «Wie kann das Vakuum wieder gefüllt werden, das durch den Wegfall der traditionellen Autorität entstanden ist, sodass die Kinder entwicklungsfördernde

Erfahrungen mit Grenzsetzungen, Anforderungen und der Auseinandersetzung mit Schwierigkeiten machen können – und zwar auf eine moralisch und gesellschaftlich vertretbare Weise?» (Ebd.: 27)

Es geht dabei um die Gestaltung der asymmetrischen Beziehung zwischen Kindern/Jugendlichen und Erwachsenen. Asymmetrisch sind die Beziehungen deshalb, weil die Erwachsenen dabei die Aufgabe haben, das Kind in seiner Entwicklung so zu begleiten und zu fördern, dass es an der Gesellschaft teilhaben und darin eine aktive Rolle spielen kann. Wenn sie dies tun, setzen sie Grenzen, die das Kind dabei unterstützen sollen, und greifen damit auch in seine Autonomie ein. Asymmetrisch sind die Beziehungen auch deshalb, weil die Erwachsenen die Macht hätten, ihren Willen durchzusetzen. Allerdings gebrauchen sie im Ansatz der Neuen Autorität diese Macht nicht dazu, sondern sie nehmen ihre Stärke aus der Rückbesinnung auf sich selbst und aus dem Wissen, dass sie gemeinsam mit anderen Erwachsenen handeln können. Sie wechseln dazu in schwierigen Momenten in einen Beziehungsmodus, den Thelen (2019: 129) die «Verantwortungsbeziehung» nennt. Das bedeutet, dass die Erwachsenen die Verantwortung für den Erhalt der Beziehung übernehmen, indem sie dem Kind mit einer «wohlwollenden Stärke und Besonnenheit» (ebd.: 130) begegnen, bis es ihm gelingt, seine destruktiven Muster aus eigenem Antrieb zu durchbrechen, sodass niemand das Gesicht verliert.

Die erwachsene Person achtet so die Gefühle des anderen, lässt aber seine eigenen Gefühle und Wünsche selbstbestimmt und im Bewusstsein dieses Dilemmas stehen. Omer, Alon und Schlippe (2016: 65) nennen diese Sicht auch die *tragische* Sicht. Diese zeichnet sich durch einen konstruktiven Fatalismus aus, der nahelegt, die Welt so zu nehmen, wie sie ist, und die Begrenztheit der Versuche, sie zu verändern, anzuerkennen. Tröstlich dabei ist der Gedanke, dass es damit weder den absoluten Sieg noch die absolute Niederlage gibt und der Verzicht auf grosse Veränderungen nicht bedeutet, dass nichts verändert werden kann, aber dass Veränderungen im Kleinen geschehen können. Akzeptanz dessen, was unvermeidbar ist, schliesst damit Handeln nicht aus, sie inspiriert zu einer Handlung, die eine Verbesserung anstrebt, jedoch ohne die Illusion, dass alles kontrolliert und gesteuert werden könnte.

Damit verbunden ist auch die Haltung, dass wir nicht wissen können, was unser Gegenüber motiviert. Es geht nicht um die Erkundung eventueller verborgener Gefühle, sondern im Vordergrund steht die wahrhaftige Begegnung. In dieser hüten wir uns davor, unsere Interpretationen der Gefühle und Erfahrungen des Gegenübers über seine eigenen Gefühle und Erfahrungen zu stellen. Es geht dabei auch um Würdigung der Autonomie des Gegenübers oder, mit den Worten Crains (2025) ausgedrückt, um die Freiheit in der Beziehung.

Ein weiterer Aspekt der tragischen Perspektive liegt in der Einsicht, dass die Handlungen eines Menschen nicht unbedingt guten oder schlechten Eigenschaften entspringen, sondern Ausdruck des Strebens nach Entwicklung und Wachstum sind und vielleicht einmal sehr nützlich waren. Dies erlaubt, Handlungen, die uns nicht passen, vom Menschen, der sie ausübt, zu entkoppeln und die Empathie zu erhalten, gerade wenn es schwierig wird.

Inwiefern kann die Neue Autorität nun aber das durch den Wegfall der traditionellen Autorität entstandene Vakuum füllen? Omer und Schlippe nennen für eine gelingende Beziehung im Konzept der Neuen Autorität folgende Haltungs- und Handlungsprämissen:

Ich kann die Gefühle und das Verhalten des Kindes nicht kontrollieren, sondern nur meine eigenen.

Es bringt daher nichts, das Kind im traditionellen autoritären Sinn verändern zu wollen.

Gerade weil ich die Gefühle des Gegenübers nicht kontrollieren kann, lege ich den Fokus nicht auf sein Verhalten, sondern auf mein eigenes, indem ich versuche, meine Emotionen zu regulieren und mit Klarheit zu agieren.

Dies kann ich, indem ich zwar Widerstand und Sorge ausdrücke, aber nicht drohe, denn dadurch verliere ich an Stärke.

Ich signalisiere, dass ich dem Tun des Kindes entgegenwirken will, aber an einer guten Beziehung zu ihm interessiert bin und interessiert bleibe.

Ich nehme meine Stärke und Kraft daraus, dass ich da bin und bleibe, unabhängig vom Verhalten des anderen.

Ich hole mir Unterstützung und betrachte dies nicht als Zeichen von Schwäche, sondern als Stärke.

Ich bleibe beharrlich und entschlossen, auch wenn sich keine Erfolge einstellen. Ich verzichte darauf, unmittelbaren Gehorsam zu fordern und unüberlegt zu strafen.

Um klar handeln zu können, gönne ich mir Aufschub. Ich manifestiere zwar meinen Widerstand, komme aber dann auf das unerwünschte Verhalten zurück, wenn ich reflektiert und meine Handlungsweise mit anderen abgesprochen habe (Omer/Schlippe 2010).

Damit lässt sich das Konzept der Neuen Autorität auch im systemischen Denken verorten (vgl. Lemme/Körner 2022; Recke 2019). Dann beispielweise, wenn Erziehungsberechtigte die Beziehung mit der Haltung gestalten, dass sie das Verhalten des Gegenübers nicht verändern können, wohl aber ihr eigenes. Denn dies wirkt sich wiederum auf das ganze System aus. Oder aber wenn es darum geht, sich mit anderen zu vernetzen, und schliesslich auch dann, wenn die Beziehung im Zentrum steht und nicht der einzelne Mensch. Bevor wir die oben erwähnten Aspekte vertieft betrachten, soll aber noch der Kernbegriff des Konzepts der Neuen Autorität erläutert werden.

Präsenz als Kernbegriff der Neuen Autorität

Im Zentrum des Konzepts der Neuen Autorität steht der Begriff der Präsenz. Durch ihre Präsenz gewinnen die Erziehungsberechtigten an Stärke. Omer und Schlippe (2004) verstehen darunter das Bewusstsein, als Erziehungsberechtigte, Lehr- und Betreuungspersonen im Zentrum der familiären oder schulischen Gemeinschaft zu stehen und entsprechend zu handeln. Es geht dabei auch um die Art und Weise, wie ich als erwachsene Person meine Rolle gestalte: Bin ich gewillt, im Leben des mir anvertrauten Kindes eine Rolle spielen zu wollen, ihm ein sicherer Anker zu sein, im Sinne der Verantwortungsbeziehung aber auch einzuschreiten, wenn wichtige, die Gemeinschaft konstituierende Werte verletzt werden? Die Botschaften, die die erwachsenen Bezugspersonen dabei vermitteln, sind:

Ich bin hier!
Ich bin dein Vater/deine Mutter/deine Lehr- oder
        Betreuungsperson und werde es bleiben,
        auch wenn es schwierig wird!
Ich werde dir nicht nachgeben, aber ich werde dich auch
        nicht aufgeben!
Ich kämpfe um dich und um meine Beziehung zu dir,
        nicht gegen dich! (Omer/Schlippe 2013: 33)

Gerade der letzte Punkt verdeutlicht, dass alles, was unternommen wird, zum Erhalt oder zur Wiederherstellung einer guten Beziehung dient. Wobei unter «gut» verstanden werden kann, dass beide, Kinder oder Jugendliche und Erwachsene, als eigenständige Wesen miteinander interagieren können, auch wenn sie sich in einer asymmetrischen Beziehung befinden.

Die verschiedenen Facetten der Präsenz wurden in der Folge im deutschen Sprachraum unterschiedlich systematisiert und geordnet. Eingängig ist die Einteilung in die Dimensionen persönliche Präsenz, Handlungspräsenz und systemische Präsenz.

Persönliche Präsenz

Mit persönlicher Präsenz ist nicht nur die reine körperliche und geistige Präsenz gemeint, sondern auch die Orientierung an den Werten. Die Autorität beruht in der Neuen Autorität auf der Idee, dass die Erwachsenen dafür sorgen, dass ein gutes Zusammenleben in der Gemeinschaft möglich ist. Dies können sie durch Anteilnahme, den Willen zur Beziehungsgestaltung und die gemeinsame Klärung der Werte, für die sie einstehen wollen, erreichen, sodass sie in ihrem Handeln kongruent sind. Die persönliche Präsenz wird aber auch dadurch gestärkt, dass die Erwachsenen überzeugt davon sind, dass das, was sie tun, fair ist. Die Frage, wem oder was mein Handeln gerade dient, ist hier von zentraler Bedeutung ebenso wie die Fähigkeit, die eigenen Emotionen zu regulieren.

Handlungspräsenz

Handlungspräsenz haben wir dann, wenn wir wissen, dass unser Verhalten einen Sinn hat und etwas bewirken kann; wenn wir uns als handlungsfähig erfahren, auch wenn eine Situation schwierig wird. Die Handlungspräsenz wird gestärkt durch das Wissen, dass ich in kritischen Situationen nicht sofort und endgültig entscheiden muss, sondern dass ich noch Handlungsoptionen habe. Die Aspekte der Beharrlichkeit und des Aufschubs sind dabei wichtig, wenn Erwachsene wissen, dass sie zu einem späteren Zeitpunkt auf ein Ereignis zurückkommen können (Brunner 2022). Auch stärkt es unsere Handlungspräsenz, wenn wir wissen, dass wir auf ein Netzwerk an Unterstützungspersonen zurückgreifen können.

Systemische Präsenz
Die systemische Präsenz bezieht ihre Stärke aus der Gemeinschaft. Sie geht davon aus, dass unser Auftreten klarer ist, wenn wir es gemeinsam tun und gemeinsam für eine Sache einstehen. Durch das Prinzip des Aufschubs können die Erwachsenen Zeit gewinnen, um sich im Austausch mit anderen zu regulieren und zu reflektieren. Bezogen auf die Schule heisst das, dass sich durch die systemische Präsenz alle an der Schule Beteiligten als Repräsentant:innen eines Netzwerks verstehen. Dies bedingt eine Kultur des Austauschs und des Reflektierens über das eigene und das gemeinsame pädagogische Handeln.

Haltungs- und Handlungsaspekte
der Neuen Autorität

Gesten der Beziehung und Versöhnung,
Wiedergutmachung
Die Gestaltung der erwachsenen Präsenz bettet sich wie oben beschrieben in den Kontext der tragischen Haltung ein. Diese verzichtet auf Machtkampf und setzt auf Selbstreflexion, aber auch auf Trost und Versöhnung. Dies zeigt sich sehr schön in Haim Omers Aussage «ich werde dir nicht nachgeben und ich werde dich nicht aufgeben!» (Omer/Schlippe 2013)

Kommt es zu Grenzüberschreitungen, so sollen die Kinder, die die Grenze überschritten haben, auch die Möglichkeit bekommen, den Schaden wiedergutzumachen. Dies geschieht konkret nicht einfach dadurch, dass sie einen Kuchen in die Schule bringen oder der geschädigten Person eine Schokolade schenken, sondern in einem Gespräch mit dem Kind, das den Schaden angerichtet hat. In diesem Gespräch wird das Kind vom Erziehungsberechtigten damit konfrontiert, was es gemacht hat und welches die Konsequenzen daraus sind. Ziel ist dabei, das Kind an den Punkt zu begleiten, an dem es Verantwortung für seine Tat übernehmen kann. Die Rolle der erwachsenen Person ist diejenige einer Unterstützerin auf diesem Weg. Ist der Punkt der Verantwortungsübernahme erreicht, geht es darum, gemeinsam zu überlegen, wie der Schaden nun gutgemacht werden könnte. Die Wiedergutmachung ist dann abgeschlossen, wenn sie die geschädigte Person (oder die geschädigten Personen) als abgeschlossen betrachtet.

Die Gesprächsführung bei der Wiedergutmachung ist anspruchsvoll, geht es doch darum, das Kind mit seiner Tat und deren Konsequenzen zu konfrontieren, ohne es zu verurteilen und zu bewerten. Ist der Moment gekommen, in dem das Kind seine Tat eingestehen kann, gilt es, ihm einen Rahmen zu geben, der es hält. Dieser Rahmen soll Sicherheit, Wertschätzung und Beziehungsstärke vermitteln, damit das Kind den Moment der aufkommenden Scham aushält.

Transparenz
Davon ausgehend, dass Grenzüberschreitungen und Gewalt dort passieren, wo niemand hinschaut, arbeitet der Ansatz der Neuen Autorität mit der Transparenz auf unterschiedlichsten Ebenen. Hierzu ein Beispiel aus einer Schule: Eine 7. Klasse arbeitet an einem Projekt an

ihren Laptops. Zwei Mädchen gehen etwas kopieren. Als sie zurückkommen und ihren Laptop öffnen, finden sie darauf eine sehr explizite Pornoszene, während zwei Jungs aus der Klasse sie kichernd beobachten. Die Mädchen gehen mit der Pornoszene zur Klassenlehrperson, diese zum Schulleiter. Dieser beschliesst, die Eltern der besagten Klasse über den Vorfall zu informieren. Er schreibt ihnen eine Mail, in der er den Vorfall anonymisiert schildert. Er sagt, dass die Schule ein solches Verhalten nicht dulde, weil es sexuelle Belästigung sei, dass sie ihre internen Filter überprüfen würden und den Vorfall aufarbeiten würden. Er verspricht, sich dann wieder zu melden.

Mit diesem Vorgehen hat der Schulleiter transparent gehandelt. Er hat offengelegt, dass hier wichtige Werte verletzt worden sind, und er hat seinen Protest gegen das Vorgehen und die Verletzung der Werte manifestiert. Er hat damit das getan, was Lemme und Körner (2018: 106) eine «notwendige, aber wohlwollende Öffentlichkeit herstellen» nennen. Er schützt damit die gemeinsamen Werte, ohne jemanden an den Pranger zu stellen, und gibt Sicherheit, indem er über das Vorgehen informiert. Der Vorfall wurde im Anschluss daran mit der Schulsozialarbeit aufgearbeitet und die Eltern der Klasse wurden darüber informiert, was unternommen wurde. Im gezeigten Beispiel fanden die Eltern der beiden Jungen, der Schulleiter habe gänzlich überreagiert und einen normalen Jungenstreich aufgebauscht. Sie wurden daraufhin zu einem Gespräch eingeladen, bei welchem der Schulleiter ihnen erklärte, wie er arbeitete und weshalb er so handelte. Es gelang ihm dabei, die Eltern ins Boot zu holen.

Das Beispiel soll zeigen, dass es bei der Transparenz in der Neuen Autorität nicht um Denunziation geht, sondern darum, dass unaufgeregt, aber klar Grenzen bei einem unerlaubten Verhalten gesetzt werden und gleichzeitig Verbindlichkeit geschaffen wird und Unterstützer:innen mobilisiert werden können. Wichtig ist aber auch hier, dass der Umgang mit Fehlern nicht stigmatisierend wirkt. Die Frage, wie viel Öffentlichkeit es braucht, ist dabei von Fall zu Fall unterschiedlich zu beantworten und es hilft, sie vor einer Intervention gemeinsam mit ein paar Kolleg:innen zu diskutieren.

Selbstführung und Deeskalation
Auf den Aspekt der Selbstführung ist bereits im Kapitel zur persönlichen Präsenz eingegangen worden. Es geht dabei um die Verantwortungsübernahme, aber auch um die Achtsamkeit sich selbst gegenüber und der Wahrnehmung des eigenen Körpers.

Deeskalation kann im Ansatz der Neuen Autorität auf unterschiedliche Weise gelebt werden. Sie kann durch den Aufschub geschehen und dadurch, dass man auf eine Situation zurückkommen kann, wenn man seine eigenen Emotionen reguliert hat. Deeskalation kann aber auch wie im vorigen Beispiel durch Transparenz im Vorgehen bei Regelverstössen und durch eine gute Prozesskommunikation erreicht werden. Und Deeskalation bedeutet auch, dass man sich nicht in Eskalationen hineinziehen lässt.

Unterstützung und Netzwerke
Die Neue Autorität geht davon aus, dass Unterstützung durch andere die eigenen Handlungsmöglichkeiten erweitert. Die Unterstützung kann hierbei vielfältig sein. Erziehungsberechtigte können im Austausch mit anderen reflektieren. Lehrpersonen können sich aber auch gegenseitig entlasten, indem nicht immer nur die betroffene Person Gespräche führt. Denn dadurch, dass der und die Einzelne in der Schule als Repräsentant oder Repräsentantin für die gesamte Schule steht, und dadurch, dass es um Verstösse gegen gemeinsame Werte geht, kann

letztendlich jede und jeder Mitarbeitende Unterstützung leisten. Unterstützung heisst auch, dass man Personen ausserhalb der Schule, Eltern der Schüler:innen und deren Freund:innen mobilisiert, wenn es der Sache dient. Dies gilt in der Schule insbesondere auch für die Zusammenarbeit mit den Eltern, die bei einem Vorgehen nach Neuer Autorität bewusst in den Interventionsprozess einbezogen werden und dort eine aktive Rolle spielen können.

Dies bedingt, dass die Schule sich mit dem Ansatz auseinandergesetzt hat und nach aussen klar kommuniziert, dass und wie sie damit arbeiten möchte. Und das bedingt auch, dass die Elternarbeit beginnt, bevor die ersten Probleme auftreten. Eine Schule, die sich mit der Neuen Autorität auf den Weg macht, wird zudem grossen Wert auf Kooperation, gemeinsame Reflexion, Intervisionen, Supervisionen und gegenseitiges Feedback legen. Und umgekehrt lohnt es sich als Schule, die interne Zusammenarbeit zu klären, bevor man nach dem Ansatz der Neuen Autorität zu arbeiten beginnt. Mit dem Ansatz kann die Zusammenarbeit im Kollegium verbessert werden, aber kalte und unbearbeitete Konflikte können dadurch nicht gelöst werden.

Protest und gewaltloser Widerstand

Die Neue Autorität ist keine Kuschelpädagogik. Es geht dabei sehr klar darum, Grenzen zu setzen und diese zu manifestieren. Zum Beispiel, indem man transparent macht, was passiert ist, oder indem man den Betroffenen zu verstehen gibt, dass man ihr Vorgehen nicht duldet. Haim Omer und Arist von Schlippe (Omer/Schlippe 2010) gebrauchen hier das Instrument der Ankündigung. Bei einer Ankündigung teilen die Erwachsenen dem Kind mit, was sie beobachtet haben, was sie mit Sorge erfüllt und was sie vom Kind erwarten. Sie verzichten dabei auf Androhungen von Strafen oder Liebesentzug, sagen aber, dass sie das tun, weil ihnen ihre Beziehung zum Kind wichtig sei. Gewaltloser Widerstand in Form einer Ankündigung kann auch gemeinsam mit den Eltern durchgeführt werden. Diese müssen im Vorfeld über das Vorgehen und die Arbeitsweise aufgeklärt werden und damit einverstanden sein. In einem solchen Fall merkt das Kind auch, dass die Erwachsenen in ihrem Handeln zusammenhalten. Die Erwachsenen wiederum stärken durch das gemeinsame Auftreten ihre Handlungspräsenz. Gewaltloser Widerstand führt freilich nicht zwingend zu einer sofortigen Verhaltensänderung beim Kind, aber auch hier geht es darum, beharrlich zu bleiben. Und genau deshalb ist die tragische Haltung dabei so zentral.

Haltung, Werte und Entscheidungen
Die obigen Ausführungen zeigen, dass die Neue Autorität mehr als ein Interventionskonzept ist. Zwar geht es dabei darum, die Handlungsoptionen der Erziehungsberechtigten zu erweitern, doch entscheidend dabei ist ihre Absicht, für die gemeinsame Beziehung einzustehen, und dies mit dem Fokus auf das eigene Verhalten. Daher ist der Ansatz der neuen Autorität in erster Linie ein Ansatz zur eigenen Persönlichkeitsentwicklung (Joachim 2023).

Die Rolle der Scham im Ansatz
der Neuen Autorität
Der Ansatz der Neuen Autorität bespricht wie bereits erwähnt die Gestaltung von asymmetrischen Beziehungen «nach bestimmten moralisch-ethischen Gesichtspunkten» (Schneuwly/Barten 2023). Er arbeitet dabei mit der Scham als Schnittstellenaffekt von Innen und Aussen (Tiedemann 2010), indem die sich schämende Person Anteile bei sich erkennt, die sie lieber verbergen möchte. Scham wird dabei abgegrenzt von Beschämung. Scham im positiven Sinn kann als Antriebskraft für soziale Kohäsion wirken

(Tiedemann 2013), wenn sie das Individuum für die Meinungen anderer sensibilisiert und im Sozialverhalten das Gleichgewicht zwischen Eigeninteressen und den Interessen der Gruppe reguliert. Demgegenüber steht ein Zuviel an Scham: Scham, die als Ablehnung, Abwertung und Beschämung erfahren wird.

Der Ansatz der Neuen Autorität arbeitet gezielt damit, bei Schamlosigkeit das Schamgefühl zu erhöhen (z. B. im Wiedergutmachungsgespräch) oder bei Beschämung die Scham zu reduzieren (in der Haltung und bei Beziehungsgesten). Er bewegt sich damit auf dem schmalen Grat zwischen Scham und Beschämung. Dies gilt es vor allem beim Einsatz der Interventionsarten und Methoden zu beachten. Es kann nicht genug betont werden, dass es im Konzept der Neuen Autorität um eine Haltung geht, bei der Autorität über die Selbstkontrolle und das dadurch veränderte eigene Verhalten erreicht werden kann, und man dem Gegenüber seine Autonomie im Handeln gleichzeitig belässt und auf Zwang und Gewalt verzichtet. Dadurch kann die Kooperationsbereitschaft steigen, so Schneuwly und Barten (2023), weil ein Gesichtsverlust vermieden wird. Aber Neue Autorität ist kein Rezeptbuch, das alle Probleme der Schulen löst.

Kann der Ansatz der Neuen Autorität
die Schulen als Orte der Begegnung und
Beziehung stärken?

Die Wichtigkeit der Zusammenarbeit
mit den Eltern
Die Neue Autorität kann für Schulen vor allem in Bezug auf die Zusammenarbeit mit den Eltern relevant sein. Omer und Schlippe plädieren in ihrem Buch «Stärke statt Macht» (2010: 188ff.) dafür, die Zusammenarbeit zwischen Eltern und Lehrpersonen nicht dem Zufall zu

überlassen, sondern das Bündnis zwischen Eltern und Lehrpersonen aktiv zu fördern. Sie argumentieren damit, indem sie die negativen Folgen einer Konfrontation zwischen Eltern und Lehrpersonen aufzeigen:

Schwächung der Autorität der Lehrpersonen,
Schwächung der elterlichen Autorität,
Stärkung der negativen Neigungen des Kindes,
Erschütterung der Sicherheit der ganzen Klasse.

Die Autoren setzen dabei den Bruch zwischen Schule und Eltern mit dem Abbruch des Informationsflusses gleich. Dadurch, dass das Kind spürt, merkt oder weiss, dass es von Eltern vor den Lehrpersonen verteidigt würde, wird die Autorität der Lehrperson geschwächt. Gleichzeitig leidet aber auch die Autorität der Eltern, wenn sie aufgrund des angespannten Verhältnisses nicht mehr darüber informiert werden, wie es dem Kind in der Schule geht. Das wiederum spürt das Kind und kann Eltern und Lehrpersonen gegeneinander ausspielen, was letztlich dem gesamten System schadet. Gleichzeitig gestaltet sich die Kommunikation zwischen Lehrpersonen und Eltern in der Praxis als komplex. Dies erstaunt nicht, wenn man sich vergegenwärtigt, welche Rolle Scham und Beschämung darin spielen können. Uri Weinblatt (2016) geht davon aus, dass ein Übermass an Scham dazu führt, dass Menschen ihre Sprache und Artikulationsfähigkeit verlieren. Mit Bezug auf Nathansons Schamkompass (Nathanson 1992) erklärt er die möglichen Reaktionen, die Menschen zeigen, wenn sie ihre Scham nicht erkennen und artikulieren und dadurch regulieren können. Es sind dies entwerder der Angriff oder die Vermeidung/Verneinung.

Nun kann es durchaus sein, dass Eltern, wenn sie zum Gespräch in die Schule eingeladen werden, bereits Beschämungserfahrungen hinter sich haben, weil sie vielleicht selbst von sich erwarten, dass sie ihre Kinder besser oder anders erziehen sollten. Gleichzeitig haben Lehrpersonen je nachdem, wenn sie die Eltern zum Gespräch einladen, auch bereits Beschämungserfahrung durch ein Gefühl des Ausgeliefertseins im Klassenzimmer hinter sich und stellen an sich den Anspruch, das Problem nun möglichst rasch lösen zu können. Wenn nun also zwei Parteien mit Beschämungserfahrung und dem Angriff oder der Vermeidung als Bewältigungsstrategie gemeinsam ein Problem lösen wollen, scheint dies mit Blick auf die obigen Ausführungen ein herausforderndes Unterfangen zu sein. Uri Weinblatt (2016: 73ff.) spricht deshalb davon, dass es zuerst darum geht, den Moment zu lösen, bevor das Problem gelöst werden kann. Das heisst konkret, dass im Gespräch zuerst eine Vertrauensbasis geschaffen werden muss, die es erlaubt, Scham überhaupt zuzulassen und ihr eine Stimme zu geben.

Die Gesprächsführung spielt deshalb im Ansatz der Neuen Autorität nicht nur im Zusammenhang mit Wiedergutmachungen und Ankündigungen eine wichtige Rolle, sondern auch in der Kommunikation mit Eltern. Es geht dabei darum, als Vertreter oder Vertreterin der Schule eine Art «drittes Ohr» (ebd.: 91) zu entwickeln, das dabei hilft, Scham wahrzunehmen und darauf zu reagieren. Nicht nur beim Gegenüber, sondern auch und zuerst bei sich selbst.

Neue Autorität in der Schule: Arbeit an der eigenen Persönlichkeit, an der Kultur und an der Struktur

Selbst wenn die Schule im Spannungsfeld zwischen Förderung und Selektion steht, so ist doch der Wille erkennbar, die Beziehungen zu den Kindern so zu gestalten, dass sie positive Lernerfahrungen machen können. Diese gute Absicht würde ich auch der Lehrerin in Crains Eingangstext (Prolog) zugestehen. Und gleichzeitig passiert es immer wieder, dass Lehrpersonen wider Willen in die Form der Autoritätsausübung durch Drohen und Bestrafen geraten. Woran könnte das liegen? Die folgenden Hypothesen sind nicht empirisch belegt, sie fussen auf meinen Beobachtungen während der Begleitung von Schulen bei der Implementierung der Neuen Autorität und meiner Auseinandersetzung mit dem Thema.

In der Begleitung von Schulen nehme ich die Lehrpersonen als Menschen mit sehr hohen Ansprüchen an sich selbst wahr, die von sich erwarten, im Sinne Winnicotts (2002) «unzerstörbar» sein zu müssen, und die sich stark als verantwortlich für die Lernvorgänge der Schüler:innen betrachten. Dies führt zu einer Diskrepanz zwischen der Selbsterwartung und der täglichen Selbstwirksamkeitserfahrung und je nachdem zum Wunsch nach schnellen Lösungen und Rezepten. Dementsprechend experimentieren viele Schulen mit Interventionen der Neuen Autorität, ohne deren Kontext reflektiert zu haben.

Die systemische Perspektive und die tragische Haltung sind ausserdem an Schulen wenig verankert. Vielleicht gerade weil Lehrpersonen viel Verantwortung für das Lernen der Schüler:innen übernehmen, haben sie Mühe, zu akzeptieren, dass ihre Kontrolle über die Lernprozesse der Schüler:innen beschränkt ist. Zudem scheinen auch die internen Rollenverteilungen statisch zu sein. Dass jemand anderes als die Schulleitung oder die Klassenlehrperson ein Gespräch mit einer Schülerin oder einem Schüler führen könnte, kommt vielen Angehörigen der Schule gar nicht in den Sinn. Dementsprechend höre ich öfters das Argument, die Neue Autorität sei nicht umzusetzen, weil dies zu zeitaufwendig sei. Die Verteilung auf mehrere Schultern könnte hier Abhilfe schaffen, doch das wird nur wenig erkannt.

Die Neue Autorität ist ein Ansatz, mit dem man sich auf den Weg machen kann, der aber kaum je abgeschlossen sein wird, weil es um Haltungen und Persönlichkeitsentwicklung geht, und mit kleinen Schritten beginnt. Es wäre wichtig, dass Haltungen und Einstellungen in der Schule regelmässig diskutiert würden und dass Lehrpersonen mit besonderen Kenntnissen ihre Kolleg:innen beraten könnten. Zu meinem grossen Erstaunen beobachte ich aber, dass das Autonomie-Paritäts-Muster[25] seit seiner Entdeckung 1972 teilweise immer noch aktuell zu sein scheint. So wehren sich manchmal diejenigen Lehrpersonen mit einer besonderen Expertise auf dem Gebiet der Neuen Autorität dagegen, ihren Kolleg:innen beratend zur Seite zu stehen. In Supervisionen erlebe ich zudem regelmässig, wie anspruchsvoll es ist, den Fokus vom Verhalten des Kindes wegzunehmen und auf das eigene Verhalten zu richten. Der Ansatz der Neuen Autorität ist zudem sprachbasiert. Es kommt stark darauf an, wie man Interaktionen gestaltet. Gerade von Lehrpersonen, die jüngere Kinder unterrichten, höre ich dann gerne, dass eine Umsetzung der Neuen Autorität nicht möglich sei, weil das Kind das nicht verstehen könne und beim Prinzip des Aufschubs wieder vergessen habe, was eigentlich passiert sei.

Die Einwände zeigen, wie tiefgreifend die Arbeit mit der Neuen Autorität ist. Sie beginnt zuallererst bei der Haltung jeder und jedes Einzelnen, entwickelt sich dann in der Gemeinschaft und verändert diese sowohl kulturell als auch strukturell, wenn gewohnte Aufgabenverteilungen und Rollen hinterfragt werden. Eine zentrale Funktion kommt dabei der Schulleitung zu. Sie lebt vor, schafft den

---

25 Den Begriff des «Autonomie-Paritäts-Musters» hat Dan Lortie (1972) geprägt und folgendermassen definiert: Das APM ist eine Haltung der Lehrpersonen, welche sich durch die drei folgenden impliziten Glaubenssätze ausdrückt:
  – Kein anderer Erwachsener soll in den Unterricht der Lehrperson eingreifen.
  – Lehrpersonen sollen als Gleichberechtigte betrachtet und behandelt werden.
  – Lehrpersonen sollen im Umgang miteinander zuvorkommend sein und nicht in die Angelegenheiten der Kolleg:innen intervenieren.

Rahmen für Erfahrungen mit dem Ansatz, kommuniziert nach innen und aussen, sorgt für Transparenz und dafür, dass das Thema in der Schule verankert wird.

Ist der Ansatz der Neuen Autorität in den Schulen umsetzbar?

Die oben erwähnten Argumentationen der Lehrpersonen sind in vielen Punkten nachvollziehbar, denn tatsächlich ist der Ansatz für die Familientherapie entwickelt worden und Haim Omer und Arist von Schlippe schildern eher Fälle von Jugendlichen als von Kleinkindern. Lehrpersonen arbeiten in der Schule zudem nicht in Einzelsettings oder Kleingruppen, sondern haben über 20 Kinder oder Jugendliche zu betreuen, was eine Umsetzung der Neuen Autorität erschwert. Und dennoch: Im Sinne der *tragischen* Haltung müsste es zuerst einmal darum gehen, in Möglichkeiten zu denken. Das heisst, sich zu fragen, welche Aspekte der Neuen Autorität einen weiterbringen könnten, diese zu pflegen und von schnellen Lösungen Abstand zu nehmen. Das wird die Probleme, welche die Schule heute zu bewältigen hat, nicht lösen können, aber es kann helfen, ihre widersprüchlichen Funktionen zu akzeptieren und den Fokus bewusst dorthin zu lenken, wo Selbstwirksamkeitserfahrungen gemacht werden können.

Brunner, U. E. (2022). *Einführung in das Konzept der Neuen Autorität. Stärke statt (Ohn)Macht*. Bern: PHBern, Institut für Weiterbildung und Dienstleistungen.

Crain, F. (2011). *Fürsorglichkeit und Konfrontation. Psychoanalytisches Lehrbuch zur Arbeit mit sozial auffälligen Kindern und Jugendlichen*. 2. Aufl., Giessen: Psychosozial-Verlag.

Crain, F. (2025). Beziehungsraum Schule. In: Crain, F. (Hrsg.). *Beziehungsraum Schule: Bildung zwischen Freiheit und Kontrolle*. Zürich: Edition 8, S. 19–98.

Criblez, L./Manz, K. (2011). Der Auftrag der Volksschule. In: Criblez, L./Müller, B./Oelkers, J. *Die Volksschule zwischen Innovationsdruck und Reformkritik*. Zürich: Verlag Neue Zürcher Zeitung, S. 16–30.

Fend, H. (2008). *Neue Theorie der Schule*. 2., durchges. Aufl., Wiesbaden: VS Verlag für Sozialwissenschaften.

Joachim, K. (2023). *Blog PHBern: Neue Autorität – ein Allheilmittel?* 24.5.2023, abgerufen am 21.9.2023, https://blog.phbern.ch/neue-autoritaet-ein-allheilmittel/.

Lemme, M./Körner, B. (2018). *Neue Autorität in Haltung und Handlung. Ein Leitfaden für Pädagogik und Beratung*. Göttingen: Vandenhoeck & Ruprecht.

Lemme, M./Körner, B. (2022). *Die Kraft der Präsenz. Systemische Autorität in Haltung und Handlung*. Heidelberg: Carl-Auer.

Lortie, D. (1972). Team Teaching – Versuch der Beschreibung einer zukünftigen Schule. In: Dechert, H.-W. (Hrsg.). *Team Teaching in der Schule*. München: Piper, S. 37–76.

Nathanson, D. L. (1992). *Shame and pride. Affect, sex and the birth of the self*. New York: Noron & Co.

Omer, H./Schlippe, A. von (2004). *Autorität durch Beziehung. Die Praxis des gewaltlosen Widerstands in der Erziehung*. Göttingen: Vandenhoeck & Ruprecht.

Omer, H./Schlippe, A. von (2010). *Stärke statt Macht. Neue Autorität in Familie, Schule und Gemeinde*. Göttingen: Vandenhoeck & Ruprecht.

Omer, H./Schlippe, A. von (2013). *Autorität durch Beziehung. Die Praxis des gewaltlosen Widerstands in der Erziehung*. 7. Aufl., Göttingen: Vandenhoeck & Ruprecht.

Omer, H./Alon, N./Schlippe, A. von (2016). *Feindbilder – Psychologie der Dämonisierung*. 4. Aufl., Göttingen: Vandenhoeck & Ruprecht.

Recke, T. von der (2019). Systemische Grundlagen. In: Körner, B./Lemme, M./Ofner, S./Recke, T. von der/Seefeldt, C./Thelen, H. *Neue Autorität. Das Handbuch. Konzeptionelle Grundlagen, aktuelle Arbeitsfelder und neue Anwendungsgebiete*. Göttingen: Vandenhoeck & Ruprecht, S. 45–85.

Rosa, H./Endres, W. (2016). *Resonanzpädagogik. Wenn es im Klassenzimmer knistert*. 2. Aufl., Weinheim/Basel: Beltz.

Schneuwly, G./Barten, N. (2023). *Blog PHBern: Gibt es überhaupt eine Neue Autorität?* 22.6.2023, abgerufen am 21.9.2023, https://blog.phbern.ch/gibt-es-ueberhaupt-eine-neue-autoritaet-2/.

Thelen, H. (2019). Gedanken zur Achtsamkeit und Selbstklärung. In: Körner, B./Lemme, M./Ofner, S./Recke, T. von der/Seefeldt, C./Thelen, H. *Neue Autorität. Das Handbuch. Konzeptionelle Grundlagen, aktuelle Arbeitsfelder und neue Anwendungsgebiete*. Göttingen: Vandenhoeck & Ruprecht, S. 126–136.

Tiedemann, J. L. (2010). *Die Scham, das Selbst und der Andere*. Giessen: Psychosozial-Verlag.

Tiedemann, J. L. (2013). *Scham*. Giessen: Psychosozial-Verlag.

Weinblatt, U. (2016). *Die Nähe ist ganz nah! Scham und Verletzung in Beziehungen überwinden*. Göttingen: Vandenhoeck & Ruprecht.

Winnicott, D. W. (2002). *Vom Spiel zur Kreativität*. 10. Aufl., Stuttgart: Klett-Cotta.

Widersprüche und Spannungsfelder der integrativen Schule in einem selektiven Bildungssystem. Überlegungen aus soziologischer Perspektive

Rebekka Sagelsdorff

In den Ausführungen zum «Beziehungsraum Schule» wurden die Philosophie und die Problematik der integrativen Schule bereits angesprochen. Darauf aufbauend gehe ich der Frage nach, weshalb die integrative Schule zurzeit so viel Gegenwind hat und welche Argumente für, welche gegen die integrative Schule sprechen.

Inklusive Bildung[26] ist nicht nur in der Schweizer Bildungspolitik ein zentrales Thema, sie ist vielmehr eine weltweite Reformagenda (Powell 2018). Meilensteine in der Entwicklung hin zur inklusiven Bildung waren die «Salamanca-Erklärung» von 1994, in der die Inklusion aller Kinder als Leitprinzip verankert wurde, sowie die UNO-Behindertenrechtskonvention (BRK) von 2006, die

---

26 Was ist unter Integration, was unter Inklusion zu verstehen? In einer integrativen Schule bestehen in einem geringen Mass separative Unterrichtsformen weiter, der gemeinsame Unterricht aber ist die Regel. Eine inklusive Schule ist hingegen eine Schule für ausnahmslos alle. Der Inklusionsbefürworter Feuser (2012: 31ff.) kritisiert, dass man sich in der Schweiz scheue, eine Schule umzusetzen, die auch jene integriert, die schwerste Behinderungen haben oder durch aggressiv-destruktives Verhalten störend auffallen. Er wendet sich ausdrücklich *gegen* das Konzept einer bloss integrativen Schule. Lanfranchi und Steppacher (2012: 329f.) entgegnen, Inklusion sei ein utopisches Ziel, Integration der «praktische Weg».

inklusive Bildung als Menschenrecht definiert hat. Der Paradigmenwechsel von der Separation hin zu einer «Schule für alle» ist dabei im Wesentlichen *bottom-up* entstanden über die weltweite Kooperation von Allianzen behinderter Menschen, die sich für ihr Recht auf Integration einsetzten (Mejeh/Powell 2018).

Die Schweiz hat die BRK 2014 ratifiziert. Sie hat sich damit verpflichtet, «ein ‹integratives› Bildungssystem auf allen Ebenen aufzubauen» (Kronenberg 2021). Schüler:innen mit besonderem Bildungsbedarf – also mit Lernschwächen, mit einer Behinderung, mit sozial-emotionalen Schwierigkeiten oder mit «herausforderndem Verhalten» – sollen, so weit das möglich ist, im Rahmen der Regelschule unterrichtet werden. Auf nationaler Ebene fordern das Behindertengleichstellungsgesetz von 2002 und das Sonderpädagogik-Konkordat von 2007 einen Ausbau integrativer Bildungsstrukturen. Im Grundsatz gilt heute, dass die Integration von Schüler:innen mit besonderem Bildungsbedarf in die Regelschule gefördert wird, soweit dies möglich ist und dem Wohl des Kindes dient (Sonderpädagogik-Konkordat Art. 2b).[27]

Seit der Ratifizierung der BRK sind zehn Jahre vergangen. Die Umsetzung inklusiver Bildung ist jedoch in vielen Kantonen eine Herausforderung geblieben; in den letzten Jahren hat der Widerstand gegen die integrative Schule deutlich zugenommen. Argumentiert wird, dass die Heterogenität zu gross sei, die Lehrpersonen seien überfordert und man müsse sich eingestehen, dass die integrative Schule insgesamt gescheitert sei. Es brauche wieder mehr Separation, vor allem für besonders leistungsschwache und verhaltensauffällige Schüler:innen, die zudem in kleinen Gruppen im separativen Setting besser gefördert werden könnten. Damit würden auch die

---

27 Vgl. Schweizerische Konferenz der kantonalen Erziehungsdirektoren (2007).

Lehrpersonen entlastet, die sich wieder auf ihren Kernauftrag, den alltäglichen Unterricht mit normalbegabten und lernmotivierten Kindern konzentrieren könnten. Im Folgenden kontextualisiere ich den Widerstand gegen die integrative Schule und führe die Gründe auf, die für die weitere Entwicklung der integrativen Schule und gegen die Rückkehr zu einem verstärkt separativen Schulsystem sprechen.

Die integrative Schule als Belastung für Lehrpersonen

Nach wie vor hält sich in Teilen der Öffentlichkeit das Vorurteil, dass Lehrer:innen zu viele Ferien haben und wenig arbeiten. Die Realität ist eine andere: Die Überlastung von Lehrpersonen ist seit Jahrzehnten belegt (vgl. u.a. Forneck/Schriever 2001; Landert/Brägger 2009; Brägger 2019). Die letzte Arbeitszeiterhebung des Dachverbands Lehrerinnen und Lehrer Schweiz (LCH) aus dem Jahr 2019 zeigt, dass Lehrpersonen durchschnittlich 13 Prozent unbezahlte Überzeit leisten (SRF 2019). Bei einem Vollzeitpensum entspricht das rund einer Stunde unbezahlter und nicht kompensierbarer Überzeit pro Tag. Aufgrund von steigenden Zusatzaufgaben und erhöhten Ansprüchen sehen sich viele Lehrpersonen nicht mehr in der Lage, ein Vollpensum zu unterrichten, und reduzieren «freiwillig» ihr Pensum. Bereits 2016 zeigte eine Studie, dass sich rund ein Drittel der Lehrpersonen stark belastet fühlt (Fischer 2016).

Der Widerstand gegen die integrative Schule muss auch vor diesem Hintergrund gesehen werden: Die Integration von Kindern mit besonderem Bildungsbedarf erhöht die Komplexität des Unterrichts und bedeutet für die Lehrpersonen einen beträchtlichen zeitlichen Mehraufwand. Die Zusammenarbeit mit Sonderpädagog:innen braucht Zeit; die Unterrichtsvorbereitung ist aufwendiger, da der Unterricht in heterogeneren Klassen stärker binnendifferenziert erfolgen muss; neue pädagogische Praktiken müssen gelernt und umgesetzt werden, da langfristig eingeübte Unterrichtsroutinen im integrativen Setting nicht mehr funktionieren. Dazu kommen die vermehrten Störungen des Unterrichts durch verhaltensauffällige Schüler:innen, die vormals in Kleinklassen unterrichtet wurden; dazu kommen zusätzliche Elterngespräche und vieles mehr. Es ist verständlich, dass viele Lehrpersonen die Integration von Kindern mit besonderem Bildungsbedarf als Herausforderung und zusätzliche Belastung erleben.

Diese Situation wird durch den akuten Mangel an sonderpädagogisch ausgebildeten Fachpersonen erschwert. Denn vielerorts ist die für die schulische Inklusion grundlegende Zusammenarbeit zwischen Regellehrpersonen und Sonderpädagog:innen nur eingeschränkt möglich. Das führt dazu, dass Lehrpersonen für Kinder mit ausgewiesenem sonderpädagogischem Förderbedarf häufig nur wenige Stunden heilpädagogische Unterstützung pro Woche erhalten. Vor diesem Hintergrund erstaunt es nicht, dass nicht wenige Lehrpersonen für sich zum Schluss kommen, dass das System «nicht funktioniert».

Es ist von grundlegender Bedeutung, die Belastung von Lehrpersonen anzuerkennen und die Bedingungen im Schulalltag zu verbessern – nicht nur mit Perspektive auf die betroffenen Lehrpersonen und den Lehrpersonenmangel, sondern auch im Hinblick auf die Schüler:innen. Denn es liegt auf der Hand, dass sich eine Überlastung von Lehrpersonen auf die Unterrichtsqualität auswirkt (vgl. Klusmann et al. 2016). Nur bedeutet das nicht, dass die integrative Idee aufgegeben werden sollte. Es gibt verschiedene Möglichkeiten, die Belastung von Lehrpersonen zu reduzieren – mehr Separation ist eine Möglichkeit, aber bei Weitem nicht die einzige. Seit Jahren werden zum Beispiel auch eine Reduktion des Pflichtpensums und kleinere Klassen gefordert.

Die integrative Schule als Chance für die betroffenen Kinder

Wechselt man nun die Perspektive und nimmt man die betroffenen Kinder in den Blick, wird ersichtlich, dass der integrative gegenüber dem separativen Unterricht erhebliche Vorteile bietet. Auch wenn nach wie vor Forschungslücken bestehen, weist eine Vielzahl von nationalen und internationalen Studien darauf hin, dass die integrative Beschulung vor allem langfristig mit deutlich besseren Lebenschancen einhergeht.

Integrativ unterrichtete Kinder machen generell grössere Lernfortschritte als Lernende in Sonderklassen, wobei die Kinder in Bezug auf Schulleistungen, IQ, Geschlecht und soziale Herkunft vergleichbar sind (Sahli Lozano/Adelfio Gosteli 2022; Aellig et al. 2021; Bless 2018).

Integrativ beschulte Schüler:innen haben langfristig bessere Berufsperspektiven: Sie finden eher eine Lehrstelle (Laganà/Gaillard 2016: 18), schliessen erfolgreicher eine Lehre ab[28] und haben bessere Chancen auf dem Arbeitsmarkt (Sahrai 2015).

Separativ unterrichtete Schüler:innen haben im Erwachsenenalter ein geringeres Selbstwertgefühl und äussern stärker das Gefühl, sich sozial ausgegrenzt zu fühlen.

---

28 In einer Studie von Eckart et al. (2011) wurden 452 junge Erwachsene befragt, die schon in der 2. und in der 6. Klasse untersucht worden waren; sie hatten entweder die Regelschule oder eine Kleinklasse für Lernbehinderte besucht. Die Studie belegte, dass junge Erwachsene mit einem Abschluss der Regelschule einen «deutlich höheren Ausbildungszugang» realisierten als junge Erwachsene, die eine Sonderklasse besucht hatten. Das Chancenverhältnis erhöhte sich um den Faktor 2.5, wobei Geschlecht, Nationalität, sozioökonomischer Status, Intelligenz und sprachliche Schulleistung kontrolliert wurden (ebd.: 63ff.).

Sie haben weniger soziale Kontakte, weniger grosse Netzwerke und weniger tragfähige Freundschaften (Eckhart et al. 2011; Sahrai 2015; Zahnd 2023).

Separativer Unterricht verstärkt tendenziell die Verhaltensprobleme von Kindern mit sozio-emotionalen Schwierigkeiten, da es in separativen Settings zu einer Identifikation mit negativen Vorbildern und zu einer sozialen Verstärkung von abweichendem Verhalten kommt (Wettstein 2011 in Aellig et al. 2021).

Kinder aus sozial benachteiligten und fremdsprachigen Familien sind in separativen Angeboten deutlich überrepräsentiert. Die Zuweisung zu separativen Schulformen wird zudem massgeblich durch Aspekte wie Einkommen und Beruf der Eltern, Geschlecht und Nationalität beeinflusst (Kronig 2007). Bei gleichen Schulleistungen und gleichem Verhalten hat ein Junge aus einer migrantischen Arbeiterfamilie ein deutlich höheres Risiko, in eine Sonderklasse überwiesen zu werden, als der Schweizer Sohn eines Akademikers.

Eine umfangreiche Studie von Venetz et al. (2013) liefert eindeutige Hinweise dafür, dass sich Kinder mit Schulleistungsschwächen aktiv am Unterrichtsgeschehen beteiligen und sich nicht, wie das immer wieder behauptet wird, oft überfordert fühlen.

Verschiedene Studien (z. B. Kronig et al. 2007; Aellig et al. 2021) kommen zum Schluss, dass sich die Integration nicht negativ auf Lernende ohne besonderen Bildungsbedarf auswirkt.

In der Kritik an der integrativen Schule wird postuliert, die schulische Inklusion entspreche der Idealvorstellung einer praxisfernen und ideologisch argumentierenden Bildungswissenschaft. Diese Art von Wissenschaftskritik mag heute, nicht zuletzt durch die Covid-Pandemie verstärkt, populär sein, ist jedoch selbst Ideologie. Der vermeintliche Widerspruch zwischen Theorie und Praxis lässt sich nicht durch eine Gegenüberstellung von (wissenschaftlicher) Ideologie und (praktischer) Erfahrung erklären, sondern durch die unterschiedliche Perspektive der jeweiligen Akteure. Während Lehrpersonen die unmittelbare, teilweise sehr herausfordernde Situation im Klassenzimmer im Blick haben, richtet sich der Fokus der wissenschaftlichen Studien vor allem auf die langfristigen Folgen separativer oder integrativer Beschulung aus der Perspektive der Betroffenen: Was bedeutet die integrative bzw. separative Beschulung für die späteren Berufschancen, die gesellschaftliche Einbindung, das Wohlbefinden der Betroffenen im Erwachsenenalter? Langfristig, so zeigen die wissenschaftlichen Studien, liegen die Vorteile klar auf Seite der integrativen Beschulung. Dies mag für Lehrpersonen, die angesichts der täglichen Herausforderungen im Klassenzimmer an ihre Belastungsgrenze kommen, nur ein kleiner Trost sein, ist jedoch wichtig zu wissen.

Strukturelle Widersprüche zwischen Integration und Selektion

Was in der Diskussion oft zu kurz kommt, ist die Frage, inwiefern die Strukturen des Schweizer Bildungssystems[29] selbst das Gelingen der integrativen Schule erschweren. Dabei geht es nicht nur um die Frage von Ressourcen, sondern es geht viel grundlegender um die Frage, *wie integrativ die Schule als Ganzes ist*.

Eine inklusive Schule ist eine Schule, die der Verschiedenheit der Voraussetzungen und der Bedürfnisse aller Nutzer:innen gerecht wird (Biewer 2017). Der Unterricht wird konsequent an der Vielfalt der Schüler:innen ausgerichtet; alle Schüler:innen werden nach ihren indi-

---

29 Aufgrund des föderalistischen Prinzips gibt es zwischen den kantonalen Schulstrukturen beträchtliche Unterschiede, sodass man eigentlich von 26 verschiedenen Bildungssystemen sprechen müsste.

viduellen Möglichkeiten, Fähigkeiten, Begabungen und Interessen gefördert. Lernziele und Rückmeldungen orientieren sich an den individuellen Voraussetzungen und Lernfortschritten der Schüler:innen. Kooperation, soziale Eingebundenheit und gemeinschaftliches Verhalten stehen im Zentrum der Unterrichtsgestaltung. Es ist eine Schule, in der alle Schüler:innen partizipieren können und wertgeschätzt werden (Zahnd 2023). Im Fokus steht die Förderung, nicht die Selektion. Inklusiver Unterricht stösst da an Grenzen, wo die Aspekte der Individualisierung und Differenzierung, der integrierten Förderung und der individualisierten Bewertung nicht umgesetzt werden oder aufgrund der Rahmenbedingungen nicht umgesetzt werden können (Werning 2014).

Auch wenn dieses Idealbild der inklusiven Schule vermutlich kaum je vollständig umgesetzt werden kann, ist es dennoch ein wichtiger Orientierungspunkt und Gradmesser dafür, wie inklusiv eine Schule ist. Denn je weniger individualisierte Förderung und Bewertung möglich sind, umso grösser sind die Herausforderungen und Widersprüche für die Lehrpersonen, die Kinder mit besonderem Bildungsbedarf in die Regelklasse integrieren müssen.

In Kontrast zum oben skizzierten Entwurf einer inklusiven Schule haben die meisten Deutschschweizer Kantone Bildungssysteme, die früh selektionieren und die auf der Sekundarstufe ein System von wenig durchlässigen, hierarchisch gestuften Leistungsniveaus haben. Der – auch im internationalen Vergleich frühe und starke – Fokus auf Selektion äussert sich zum Beispiel darin, dass Kinder bereits in der ersten Primarschulklasse benotet bzw. mit Prädikaten wie «Anforderungen erreicht/ nicht erreicht» bewertet werden. Während in Ländern wie Finnland oder Dänemark Noten erst ab der siebten Klasse obligatorisch sind, werden Kinder hierzulande von Schulbeginn ab sozial verglichen und in eine

Leistungshierarchie eingeordnet. Schon in den ersten Schuljahren wird den Kindern bewusst, wo sie sich in der schulischen Hierarchie befinden, wer zu den besten und wer zu den schlechtesten Schüler:innen der Klasse gehört. Und sie lernen anhand der Reaktionen von Lehrpersonen, Mitschüler:innen und Eltern – von Anerkennung, Lob und Neid bis hin zu Ermahnung, Mitleid, Bestürzung und Demütigung –, dass Noten einen Einfluss darauf haben, wie sie von anderen wahrgenommen werden und wo sie in der sozialen Hierarche stehen.

Dass Noten (bzw. ihre funktionalen Äquivalente) schon so früh in der Schulbiografie eine so grosse Bedeutung einnehmen, hängt eng damit zusammen, dass die Noten am Ende der Primarschule darüber entscheiden, welchem Leistungsniveau der Sekundarstufe I Kinder zugewiesen werden. In den meisten Deutschschweizer Kantonen und Gemeinden gilt es nach wie vor als «normal», dass Kinder im Alter von elf bis zwölf Jahren auf der Basis ihrer Schulleistungen einem von drei Leistungszügen[30] zugeteilt werden. Aus einer international vergleichenden Perspektive wirkt dieses Modell befremdlich – führt eine frühe Selektion doch erwiesenermassen zu weniger Chancengleichheit im Bildungssystem. Ausserhalb der deutschsprachigen Region gibt es kaum Länder, in denen die Schüler:innen so früh in unterschiedliche Schultypen aufgeteilt werden; in den meisten Ländern, so eine Vergleichsstudie der OECD 2019, erfolgt die erste Selektion erst zum Ende der obligatorischen Schulzeit.

Dem Anspruch nach soll die Zuteilung zu einem Leistungsniveau nicht endgültig sein. Die vorliegenden Zahlen zeigen jedoch, dass die Durchlässigkeit kaum gegeben ist: Schweizweit wechselten in den Jahren 2019 und 2020 nur gerade 3.5 Prozent der Schüler:innen das

---

30 Einzelne Kantone führen auch zwei oder vier Leistungszüge (vgl. EDK 2023).

Leistungsniveau. Dabei waren Wechsel nach unten mehr als doppelt so häufig wie Wechsel nach oben (SKBF 2023: 89). Auch im späteren Bildungsverlauf ist die Durchlässigkeit nur bedingt gegeben. Katharina Maag-Merki (2022) spricht gar von «Scheindurchlässigkeit.» Aus der empirischen Bildungsforschung ist bekannt, dass diese erste Weichenstellung am Übergang von der Primarschule in die Sekundarschule die Bildungsmöglichkeiten bis ins Erwachsenenalter stark beeinflusst.

Mit der frühen Zuteilung zu einem der drei Leistungszüge wird darum nicht nur die weitere Schullaufbahn bestimmt. Es werden vor allem auch Lebenschancen verteilt: Welches Kind kommt ins Gymnasium, wer wird eine Lehre beginnen, wer wird sich mit stark eingeschränkten Berufsperspektiven begnügen müssen? Die Eltern wissen das, die Lehrpersonen ebenfalls und nicht zuletzt die Kinder sind sich dessen spätestens ab der fünften Primarschulklasse bewusst. Diese frühe und einschneidende Weichenstellung führt für viele Kinder zu grossem Leistungsdruck, lähmender Angst und einer Abnahme der Lernmotivation bereits während der Primarschuljahre. Für diejenigen Kinder, denen das Messen und Vergleichen immer wieder vor Augen führt, dass sie den Leistungsansprüchen der Schule nicht genügen, führt der frühe Selektionsdruck nicht selten zu Erfahrungen von Scheitern, Demütigung und Frustration. Folgen können Resignation und eine innere Distanzierung von der Schule sein, Folgen können aber auch verstärkt auftretende Verhaltensprobleme bereits in der frühen Schulzeit sein.

Leistungsdruck und Abstiegsangst bestimmen auch den Unterricht in der Sekundarschule. In manchen städtischen Regionen gleicht das tiefste Leistungsniveau in seiner Zusammensetzung, was Migrationshintergrund, den Bildungshintergrund der Eltern, aber auch was Verhaltens- und Motivationsprobleme betrifft, den früheren

Kleinklassen. Der Grad an Stigmatisierung ist hoch (Sagelsdorff/Simons 2021; vgl. auch Crain 2021). Die Chancen, in einen höheren Leistungszug aufzusteigen, sind gering. Die beruflichen Aussichten sind eingeschränkt. Viele Lehrbetriebe sind nicht bereit, Bewerbungen von Jugendlichen aus dem tiefsten Niveau zu prüfen.[31]

Leistungszüge widersprechen der Idee der integrativen Schule, in der sich jedes Kind an seinen eigenen Möglichkeiten orientiert, nach seinen individuellen Möglichkeiten gefördert wird und in der Kooperation und gemeinschaftliches Verhalten im Zentrum stehen. Leistungszüge führen aber auch dazu, dass es im untersten Leistungsniveau zu einer Konzentration von sozioökonomisch benachteiligten und fremsprachigen Familien, von Kindern mit Lern- und Verhaltensproblemen und familiären Belastungen kommt. Eine solche Klassenzusammensetzung wirkt der Intention der inklusiven Schule diametral entgegen. Denn wenn Kinder mit besonderem Bildungsbedarf in Klassen unterrichtet werden, die selbst stigmatisiert sowie sozial und leistungsmässig sehr einseitig zusammengesetzt sind, sind die Fördermöglichkeiten stark eingeschränkt.

Eine frühe Selektion, wenig durchlässige Leistungszüge, die der unterschiedlichen Begabungsstruktur der Schüler:innen nicht gerecht werden, und ein die gesamte Volksschulzeit durchdringender Leistungsdruck untergraben also das Potenzial des integrativen Ansatzes. Eine Schule, in der fortwährend benotet und getestet wird und die den schwächeren Kindern immer wieder deutlich macht, dass sie im Verhältnis zu anderen Kindern unterdurchschnittliche Leistungen erbringen, steht im Widerspruch zum inklusiven Gedanken. Es sind diese Probleme,

---

31 Diesem Sachverhalt begegnet man oft mit dem Hinweis auf den Vorteil der dualen Berufsbildung. Verschleiert wird, dass dieser Weg nicht einfach ist. Viele scheitern bei der Berufsmaturität oder sie brechen die weiterführende Ausbildung ab.

die auch zum Gefühl der Überforderung der Lehrpersonen führen und die zur Folge haben, dass nach vermehrter Separation, nach Sonderklassen und Sonderschulen gerufen wird.

Integrative oder separative Schule?

Es ist denkbar, dass es mehr separative Unterrichtsformen braucht. Nicht alle Probleme sind dem Schulsystem anzulasten. Es gibt auch Kinder, die von einem separativen Unterricht profitieren. Es ist jedoch ein entscheidender Unterschied, ob separative Unterrichtsformen im Kontext einer integrativen Schule realisiert werden oder im Kontext eines Schulsystems, in dem der Aspekt der Separation einen hohen Stellenwert besitzt. Die Botschaft, die politische Forderungen nach Sonderklassen und Sonderschulen aussenden, ist für die Motivation von Lehrpersonen, die sich mit schwierigen Situationen im Unterricht auseinandersetzen müssen, verheerend. Die an sich verständliche Tendenz, störende Kinder für kurze oder lange Zeit auszuschliessen, wird dadurch verstärkt und verstärkt sich immer weiter. Es manifestiert sich eine Tendenz zur Aussonderung von Schwierigkeiten, wobei verschleiernd darauf hingewiesen wird, dass es um bessere Förderung der leistungsschwachen und verhaltensauffälligen Schüler:innen geht.

Die Alternative zu einer Rückkehr zum separativen System ist nicht einfach ein Mehr an Ressourcen und technokratischen Massnahmen. Die Alternative ist vielmehr eine Weiterentwicklung der integrativen Schule. Das ist eine nicht zuletzt politische Frage. Das Prinzip der Inklusion verkörpert die Vision einer Gesellschaft, in der alle Menschen prinzipiell gleichwertig sind, alle die gleichen Chancen haben, ihre Persönlichkeit weiterzuentwickeln und ein möglichst selbstbestimmtes und gleichzeitig sozial ausgerichtetes Leben zu führen. Integration ist nicht per se gut oder schlecht. Entscheidend ist nicht der organisatorische Aspekt. Entscheidend ist, dass sich die integrative Schule als ein emanzipatorisches Projekt begreift und sich dem humanistischen Bildungsgedanken verpflichtet fühlt.

Entspricht die integrative Schule, wie sie heute in der Schweiz praktiziert wird, der integrativen Idee? In der Antwort der baselstädtischen Bildungsdirektion auf den Vorstoss eines SP-Politikers, der den allzu hohen Leistungsdruck bereits in der Primarschule kritisiert hatte, hiess es, diesen Druck gebe es, aber dies widerspreche weder der Idee der integrativen Schule noch der Idee der Chancengerechtigkeit.[32] Von Chancengerechtigkeit kann bei einer so frühen Selektion jedoch keine Rede sein. Frühe Selektion in eine nach Leistungszügen differenzierten Sekundarschule und das Prinzip der Inklusion widersprechen sich fundamental. Die integrative Schule ist zweifelsohne eine Herausforderung für Lehrpersonen. Anstatt vorschnell das Scheitern der integrativen Schule zu deklarieren, sollte danach gefragt werden, wie die Rahmenbedingungen für die schulische Integraton verbessert werden können.

> Aellig, S./Altmeyer, S./Lanfranchi, A. (2021). *Schulische Inklusion. Daten, Fakten und Positionen.* Zürich: Internationalen Hochschule für Heilpädagogik (HfH).
> Biewer, G. (2017): *Grundlagen der Heilpädagogik und Inklusiven Pädagogik.* 3. Aufl., Bad Heilbrunn: Klinkhardt (UTB).
> Bless, G. (2018). Wirkungen der schulischen Integration auf Schülerinnen und Schüler. In: *Schweizerische Zeitschrift für Heilpädagogik*, 24(2), S. 6–14.
> Brägger, M. (2019). *LCH Arbeitszeiterhebung 2019.* Dübendorf: Büro Brägger.

---

32 Vgl. «Primarschüler beurteilen ihre Schüler zu mild». In: Basler Zeitung, 21. Januar 2023.

Crain, F. (2021). Die Ausgegrenzten des A-Zugs und das Versprechen der integrativen Schule. In: Widerspruch, 76 (21): *Jugend – Aufbrechen, Scheitern, Weitergehen*, S. 11–18.

Eckhart, M./Häberlin, U./Sahli Lozano, C/Blanc, P. (2011). *Langzeitwirkungen der schulischen Integration. Eine empirische Studie zur Bedeutung von Integrationserfahrungen in der Schulzeit für die soziale und berufliche Situation im jungen Erwachsenenalter*. Bern: Haupt.

EDK (2023). *Schulmodell(e) Sekundarstufe I. Schulmodelle: Visualisierung*, https://www.edk.ch/de/bildungssystem/kantonale-schulorganisation/kantonsumfrage/a-4-schulmodell-e-auf-der-sekundarstufe-i.

Feuser, G. (2012). Integration ist unteilbar. In: Lanfranchi, A./Steppacher, J. (Hrsg.). *Schulische Integration gelingt: Gute Praxis wahrnehmen, Neues entwickeln*. Bad Heilbrunn: Julius Klinkhardt, S. 31–48.

Fischer, D. (2016). Gesundheit der Lehrpersonen – ein gewerkschaftliches Anliegen. In: *Bildung Schweiz* 5/2016, S. 16–17.

Forneck, H./Schriever, F. (2001). *Die individualisierte Profession. Belastungen im Lehrberuf*. Bern: hep Verlag.

Klusmann, U./Richter, D/Lüdtke, O. (2016). Teachers' emotional exhaustion is negatively related to students' achievement: Evidence from a large-scale assessment study. In: *Journal of Educational Psychology*, 108, S. 1193–1203.

Kronenberg, B. (2021). *Sonderpädagogik in der Schweiz: Bericht im Auftrag des Staatssekretariats für Bildung, Forschung und Innovation (SBFI) und der Schweizerischen Konferenz der kantonalen Erziehungsdirektoren (EDK) im Rahmen des Bildungsmonitorings*. Bern: SBFI und EDK.

Kronig, W. (2007). *Die systematische Zufälligkeit des Bildungserfolgs*. Bern: Haupt.

Kronig, W./Haeberlin, U./Eckhart, M. (2007). *Immigrantenkinder und schulische Selektion. Pädagogische Visionen, theoretische Erklärungen und empirische Untersuchungen zur Lernentwicklung und zur Leistungsbewertung in unterschiedlichen Schulklassen*. Bern: Haupt.

Laganà, F./Gaillard, L. (2016). *Der Übergang am Ende der obligatorischen Schule: Längsschnittanalysen im Bildungsbereich*. Neuchâtel: Bundesamt für Statistik (BFS).

Landert, C./Brägger, M. (2009). *LCH Arbeitszeiterhebung 2009*. Zürich: Landert Partner.

Lanfranchi, A/Steppacher, J. (2012). Ausblick. In: Lanfranchi, A/Steppacher, J. (Hrsg.). *Schulische Integration gelingt: Gute Praxis wahrnehmen, Neues entwickeln*. Bad Heilbrunn: Julius Klinkhardt, S. 329–335.

Maag Merki, K. (2022), im Interview mit P. Dickson: «Die Behauptung, dass alle Wege offenstehen, ist falsch». In: *Bildung Schweiz* 11/2022. S. 9–12.

Mejeh, M./Powell, J. (2018). Inklusive Bildung in der Schweiz – Zwischen globalen Normen und kantonalen Besonderheiten. In: *Bildung und Erziehung* 71(4), S. 412–431.

OECD (2019). *PISA 2018 Results (Volume V): Effective Policies, Successful Schools. Chapter 3: Sorting and selecting students between and within schools*. https://www.oecd-ilibrary.org/sites/5d9b15a4-en/index.html?itemId=/content/component/5d9b15a4-en.

Powell, J. (2018). Inclusive Education: Entwicklungen im internationalen Vergleich. In: Sturm, T./Wagner-Willi M. (Hrsg.). *Handbuch schulische Inklusion*. Opladen/Toronto: Verlag Barbara Budrich, S. 127–141.

Preuss-Lausitz, U. (2013): Die UN-Behindertenrechtskonvention und die Inklusion »schwieriger« Kinder. In: Preuss-Lausitz, U. (Hrsg.). *Schwierige Kinder – schwierige Schule? Inklusive Förderung verhaltensauffälliger Schülerinnen und Schüler.* Weinheim/Basel: Beltz. S. 204–220.

Sagelsdorff, R./Simons, A. (2021). Schule als Stigma. Die Sekundarstufe I aus Sicht des untersten Leistungszugs. In: Widerspruch, 76(21): *Jugend – Aufbrechen, Scheitern, Weitergehen,* S. 19–29.

Sahli Lozano, C./Adeifio Gosteli, D. (2022). Sonderklassen und integrative Förderung im nationalen Vergleich. Mögliche Auswirkungen der kantonalen Umsetzungsrichtlinien auf Betroffene und Schulteams. In: *Schweizerische Zeitschrift für Heilpädagogik* 28(4), S. 16–23.

Sahrai, D. (2015). Chancengerechtigkeit und Diskriminierung im Rahmen von Sonderschulungen bei Kindern und Jugendlichen mit Migrationshintergrund. In: Haenni Hoti. A. (Hrsg.). *Equity – Diskriminierung und Chancengerechtigkeit im Bildungswesen. Migrationshintergrund und soziale Herkunft im Fokus.* Bern: EDK, S. 51–64.

Schweizerische Konferenz der kantonalen Erziehungsdirektoren (2007). *Interkantonale Vereinbarung über die Zusammenarbeit im Bereich der Sonderpädagogik,* https://www.edk.ch/de/themen/sonderpaedagogik.

SKBF – Schweizerische Koordinationsstelle für Bildungsforschung (2023). *Bildungsbericht Schweiz 2023.* Aarau: SKBF.

SRF – Schweizer Radio und Fernsehen (2019). *Überlastete Lehrer: Lehrpersonen wehren sich gegen Gratisarbeit.* Rendez-vous vom 8.5.2019, https://www.srf.ch/news/schweiz/ueberlastete-lehrer-lehrpersonen-wehren-sich-gegen-gratisarbeit.

Venetz, M./Tarnutzer, R./Zurbriggen, C./Sempert, W. (2013). *Emotionales Erleben im Unterrichtsalltag und schulbezogene Selbstbilder. Vergleichende Analysen von Lernenden in integrativen und separativen Schulformen.* Luzern: edition SZH.

Werning, R. (2014). Stichwort: Schulische Inklusion. In: *Zeitschrift für Erziehungswissenschaft* 17 (2014) 4, S. 601–623.

Wettstein, A. (2011). Integration von Kindern mit herausforderndem Verhalten. In: Lanfranchi, A./Steppacher, J. (Hrsg.). *Integration gelingt. Gute Praxis wahrnehmen, Neues entwickeln.* Bad Heilbrunn: Klinkhardt, S. 119–135.

Zahnd, R. (2023). Inklusive Bildung unterstützt die soziale Kohäsion!? In: Leemann, R./Makarova, E. (Hrsg.). *Das Paradox von sozialer Integration und Ausschluss im Schweizer Bildungswesen. Beiträge der Soziologie.* Bern: SAGW. Swiss Academies Report 18/1, S. 14–19.

Individualisierung struktureller Benachteiligung am Beispiel der Berufsbildung

Luca Preite

Laut Bund und Kantonen *entscheiden sich* zwei Drittel aller Jugendlichen für eine Berufsausbildung nach Abschluss der obligatorischen Schule. Während diese offizielle Darstellung medial und gesellschaftlich kaum hinterfragt wird, stellt sich aus einer bildungswissenschaftlichen Perspektive die Frage, wie legitim es ist, pauschalisierend von einer «Entscheidung», geschweige denn von einer «Wahl» zu sprechen (Pool Maag 2016; Preite 2022). Mag es auch sein, dass einzelne und vor allem privilegierte Jugendliche zwischen Lehrstellen und Berufen auswählen können, sich vielleicht sogar trotz genügendem Notenschnitt *gegen* eine Fachmittelschule oder das Gymnasium entscheiden: Für eine nicht unbedeutende Anzahl Jugendlicher stellt die sogenannte «Berufsorientierung», also die Suche nach einer Lehrstelle, primär einen Kompromiss, eine Notwendigkeit und eine Zuweisung dar (Heinimann 2006; Mey 2015) – etwas also, mit dem sich die Jugendlichen *nolens volens* abfinden müssen.

In der gegenwärtigen Form steuert das Schweizer Bildungssystem die Ausbildungs- und Erwerbschancen von Jugendlichen und jungen Erwachsenen über Passförmigkeit: Je «erfolgreicher» Jugendliche darin sind, schulbezogen zu reüssieren, das heißt «gute» Noten zu schreiben und als sozialkompetent wahrgenommen zu werden, desto mehr Wege stehen ihnen offen. Umgekehrt reduziert sich das Bildungsversprechen für all jene Jugendlichen, die Mühen und Schwierigkeiten in der Schule begegnen (Meyer 2009). Mag diese Leistungsorientierung im Rahmen eines erwerbsorientierten schweizerischen Wohlfahrts- und Übergangsregimes (vgl. Dahmen 2021) durchaus rational erscheinen, so darf nicht vergessen gehen, wie es auch umgekehrt sein könnte. Anstatt also *weiter denen zu geben, die bereits haben*, könnte ein Schweizer Bildungssystem sich auch ernsthaft darum bemühen, Chancen gerechter zu verteilen. Dem ist aktuell aber nicht so – im Gegenteil: Nach wie vor zeichnet sich das Schweizerische Bildungssystem durch eine hohe *soziale Selektivität* aus (Becker/Schoch 2018). Es liesse sich auch von Benachteiligung, Diskriminierung und Ausschluss sprechen.

Am Ende der obligatorischen Schule verdichten sich die Bildungsungleichheiten in Form von unterschiedlichen Zuweisungen und Zugangsberechtigungen. Was dabei schon zuvor mit der Niveautrennung auf der Sekundarstufe I systemimmanent vorbereitet wurde – tiefstes, mittleres und höchstes Leistungsniveau –, führt nun zu einer Verteilung von Jugendlichen zwischen Gymnasium, Fachmittelschule, Berufsbildung, Brückenangebot und Zwischenlösung. Manche mag es vielleicht erstaunen, dass Jugendliche und junge Erwachsene in der Gemeinde Meilen an der Zürcher Goldküste eine in etwa dreimal höhere gymnasiale Maturitätsquote aufweisen als in der Gemeinde Dietikon (40 % zu 14 %) (BFS o.J.) – genauso wie in Basel die Gymnasialquote auf dem Bruderholz oder im Wettsteinquartier dreimal so hoch ist im Vergleich zu Kleinhüningen (58 % bzw. 49 % zu 19 %).

Individualisierung struktureller Benachteiligung

In dieser Ungleichheit artikuliert sich, was der Soziologe Pierre Bourdieu als Reproduktion von Macht- und Herrschaftsverhältnissen entlang den unterschiedlichen Kapitalsorten (ökonomisches und kulturelles Kapital) bereits in den 1970er-Jahren analysiert hat (Bourdieu 1979). Nicht von ungefähr unterscheiden sich diese Gemeinden und Stadtquartiere vor allem bezogen auf das durchschnittliche Reineinkommen der Bevölkerung deutlich voneinander (vgl. Abbildung 1).

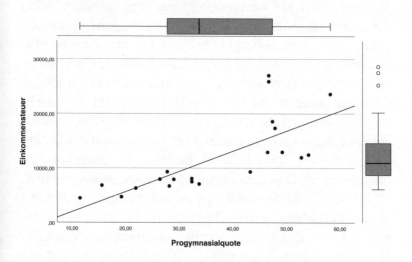

Korrelationen

			Progymnasialquote	Einkommensteuer
Kendall-Tau-b	Progymnasialquote	Korrelationskoeffizient	1,000	,616**
		Sig. (2-seitig)	.	<,001
		N	21	21
	Einkommensteuer	Korrelationskoeffizient	,616**	1,000
		Sig. (2-seitig)	<,001	.
		N	21	21

**. Die Korrelation ist auf dem 0,01 Niveau signifikant (zweiseitig).

Abbildung 1: Zusammenhang zwischen der Progymnasialquote (Anteil Schüler:innen im höchsten Leistungsniveau der Sekundarstufe I) und der mittleren Einkommenssteuer (pro Steuerveranlagung) berechnet nach Quartier im Kanton Basel-Stadt für das Jahr 2020. Eigene Darstellung. Quelle: Statistisches Amt Basel-Stadt.

Vor diesem Hintergrund versuche ich mit meinem Beitrag aufzuzeigen, wie diese Macht- und Ungleichheitsverhältnisse die Möglichkeit der Pädagogik im Rahmen der Berufsorientierung immanent tangieren. Hervorzuheben ist dabei, dass diese Übergangsprozesse für Jugendliche exakt in einer für sie äusserst bedeutsamen wie zugleich auch vulnerablen Phase der Entwicklung, nämlich der Adoleszenz, stattfinden (King 2013). Wenn aus einer entwicklungspsychologischen und pädagogisch-psychologischen Perspektive darauf verwiesen wird, wie bedeutsam diese Bewältigung von Entwicklungsaufgaben im Jugendalter für das Erwachsenenalter ist, so geht dabei in einer psychologistischen Perspektive vergessen, wie deutlich sich Lebensverhältnisse von Jugendlichen auch in der Schweiz untereinander unterscheiden. Unter Berücksichtigung von kritisch-psychologischen und bildungs- sowie jugendsoziologischen Perspektiven versuche ich ein differenzierteres Bild von diesen Übergangsprozessen zu entwerfen. Gleichzeitig soll die verstehende Perspektive für die in diesen Prozessen eingelagerten Schwierigkeiten und Begrenzungen geschärft werden.

Von der Lehrstellenkrise zur Lehrlingskrise

Dass Jugendliche auf Schwierigkeiten bei der Lehrstellensuche treffen, ist keinesfalls ein neues Phänomen, wobei sich die aktuelle Situation von den Verhältnissen in den 1990er- und 2000er-Jahren durchaus unterscheidet. Damals wurde im Rahmen einer allgemeinen Rezession und Wirtschaftskrise rund ein Sechstel aller Lehrstellen abrupt abgebaut (Büchel et al. 2020). Deutlich zeigte sich dies im Rückgang der Ausbildungsbereitschaft der Betriebe. Bildeten im Jahr 1985 rund 24 Prozent aller Betriebe – circa 75.000 – Lehrlinge aus, waren es im Jahr 2001 noch 16 Prozent bzw. 57.000 Betriebe, also rund ein Drittel weniger

(Schweri/Müller 2007). Rückwirkend spricht man von einer Lehrstellenkrise um die Jahrtausendwende (Arni 1998).

Da die Berufsbildung in der Schweiz grundlegend arbeitsmarktorientiert ist und deshalb Betriebe im Rahmen eines «collective skill formation systems» darüber entscheiden, ob und inwiefern sie Berufsausbildungen anbieten, hängt der Lehrstellenmarkt eng sowohl mit konjunkturellen als auch mit demografischen Entwicklungen zusammen (Bonoli/Emmenegger 2021; Lüthi/Wolter 2020). Zeiten eines sogenannten Lehrstellenüberhangs wechseln sich mit Zeiten von fehlenden Ausbildungsplätzen ab. Da zudem im Schweizer Bildungskontext nach wie vor ein Konsens darüber besteht, dass die bestehende – im internationalen Vergleich eher geringe – Gymnasialquote möglichst zu erhalten, das heisst nicht zu erhöhen ist (Stichwort: Akademisierungsfalle), wird vor dem Hintergrund, dass auch in der Schweiz die weiterführende Ausbildung gesellschaftlich und wohlfahrtstaatlich zusehends zur Norm erhoben wird, sichtbar, wie angespannt die Situation letztlich insbesondere in Zeiten von fehlenden Lehrstellen für jene Jugendlichen sein kann, die in der Schule nur beschränkt reüssieren. Der Zugang zum Gymnasium und zur Fachmittelschule ist ihnen versperrt. Insbesondere den Jugendlichen aus dem tiefsten, aber auch dem mittleren Leistungszug verbleibt im Rahmen eines ausgedünnten Lehrstellenmarkts letztlich nur das Ausweichen auf vorberufsbildende Ausbildungen wie Brückenangebote und Zwischenlösungen. Oder – sofern sie bzw. ihre Eltern das nötige Kapital dafür aufbringen – auf private Mittelschulen wie zum Beispiel private Handels- und Informatikmittelschulen und Gymnasien (Preite 2021).

Vor diesem Hintergrund wird erkennbar, wie entscheidend die Klärung der Frage nach den aktuellen Verhältnissen auf dem Lehrstellenmarkt für Jugendliche, aber auch für das pädagogische und das sozialpädagogische Personal der Schulen ist, das mit diesen Jugendlichen arbeitet. Je nachdem, wie diese Verhältnisse nämlich gedeutet werden, öffnen oder schliessen sich auch die Möglichkeiten der Gestaltung von Beziehungsräumen in der pädagogischen Arbeit. Heute wird bildungspolitisch davon ausgegangen, dass es durchaus genügend Lehrstellen gibt und dass es primär *unentschlossene Jugendliche* sind (vgl. Jaik/Wolter 2019), die es vorziehen, statt irgendeine Lehrstelle lieber keine anzutreten, um stattdessen ein Zusatzjahr in einem Brückenangebot zu absolvieren. Damit «öffnet» sich ein regressiver sozialpädagogischer Interventionsraum: Im Rahmen einer forcierten beruflichen Orientierung in der Schule, der Berufsberatung, der offenen Jugend- und Elternarbeit sollen die Jugendlichen dazu gebracht werden, untergeordnete bzw. nicht-präferierte Bildungs- und Berufsverläufe einzuschlagen.

Alles sieht anders aus, wenn man sich vor Augen führt, dass es – wie dies insbesondere bildungssoziologische und bildungswissenschaftliche Studien nahelegen – trotz quantitativem Lehrstellenüberhang (d.h., es gibt mehr Lehrstellen als Schulabgänger:innen) letztlich insbesondere für eine bestimmte Fraktion von Jugendlichen schwierig bleibt, eine Lehrstelle zu finden. Dies in der Regel nicht, weil sie nicht wollen, sondern weil es manche Betriebe unter Umständen bevorzugen, statt einen Schüler oder eine Schülerin aus dem tiefsten Niveau, mit ausländisch klingendem Namen oder mit einem sonderpädagogischen Hintergrund lieber *keinen* Lehrling bzw. *keine* Lernende anzustellen und die Lehrstelle offen zu lassen. Und so bleibt es entscheidend – nicht nur in der Klärung der Übertrittsverhältnisse, sondern vor allem für die Möglichkeit der Gestaltung der pädagogische Beziehungsarbeit selbst –, wie die Frage nach den vermeintlichen «offenen Lehrstellen»³³ gesellschaftlich und bildungspolitisch beantwortet wird.

Wie bereits angedeutet, ist die Position von Bund und Kantonen, gestützt durch bundesnahe Bildungswissenschaftler:innen, deutlich: Ihrer Meinung nach sind es in erster Linie «unentschlossene» Jugendliche, die nicht wollen; die von ihren Eltern «falsch» beraten werden, da sie das Schweizer Berufsbildungssystem und dessen Durchlässigkeit nicht kennen und nicht anerkennen wollen und stattdessen mit allen Mitteln ihre Kinder ans Gymnasium «pushen», selbst wenn die Noten dazu nicht ausreichen. Was um die Jahrtausendwende als Lehrstellenkrise gedeutet wurde, wird heute in eine Lehrlingskrise umgedeutet – als ein Versagen der Jugendlichen selbst, mit all den Folgen, die dies für die betroffenen Jugendlichen und die mit ihnen involvierten sozialpädagogischen Akteur:innen hat. Interessanterweise sei dabei noch angemerkt, dass die Lehrstellenkrise der Jahrtausendwende von den Vertreter:innen der Berufsbildung letztlich auch erst *im Nachhinein* als solche anerkannt wurde. Während

---

33 Zur Erinnerung: Der Begriff der «offenen Lehrstellen» ist primär das Produkt einer Auftragsstudie von Bund und Kantonen, nämlich des «Nahtstellenbarometers» (Golder et al. 2020). Unter dem Begriff der «offenen Lehrstellen» werden hier alle Ausbildungsplätze zusammengefasst, die im Lehrstellennachweis (LENA) aufgeführt sind, ohne dass sie für das entsprechende Jahr von den Betrieben an Lernende vergeben wurden. Fraglich bleibt dabei, weshalb dem so ist. Laut der Auftragsstudie ziehen es Betriebe vor, diese Lehrstellen vor allem deshalb nicht zu vergeben, weil sie die Qualität der Bewerbung als unzureichend betrachten. Ungeklärt bleibt aber, was genau mit Qualität gemeint ist. In einem arbeitsmarktdominierten Berufsbildungssystem müssen Betriebe letztlich keine Auskunft darüber geben, weshalb sie Lehrstellen trotz Bewerbungen unbesetzt lassen. Bildungssoziologische Studien versuchen hierzu seit Längerem auf eine strukturelle Benachteiligung insbesondere von Jugendlichen aus den tiefsten Leistungszügen, aber auch von Jugendlichen mit Migrationshintergrund sowie sonderpädagogisch beschulten Jugendlichen hinzuweisen (Imdorf 2017; Meyer/Sacchi 2020; Pool Maag 2016). Hinzu kommt nicht zuletzt, dass Lehrstellen nach wie vor sehr geschlechtersegregiert vergeben werden, sodass sich die Spannbreite der möglichen Berufsfelder insbesondere für Frauen, aber auch für nicht eindeutig männlich gelesene Jugendliche (z.B. non-binäre und queere Jugendliche) einschränkt. Kann es vor diesem Hintergrund noch rechtens sein, von offenen Lehrstellen zu sprechen, oder müsste nicht stärker differenziert werden, inwiefern diese Lehrstellen tatsächlich auch für alle Jugendlichen offenstehen?

der Krise selbst wurden schon damals individualisierende Lesarten bevorzugt, welche die Schuld eher den Jugendlichen statt den Betrieben oder einem zu eng gefassten Zugang zum Gymnasium zuschrieben (Meyer 2003).

Von der Benachteiligung zur Gefährdung

Um zu verstehen, wie es zur Dominanz dieser Les- und Deutungsart kam, ist ein kurzer Exkurs nötig. Anfang der 2000er-Jahre wurde – basierend auf bildungssoziologischen Studien – primär von «benachteiligten» Jugendlichen gesprochen. Damit waren Jugendliche mit Migrationshintergrund gemeint, aber auch sonderpädagogisch beschulte Jugendliche und solche aus den tiefsten Leistungsgruppen. Allmählich wurde der Begriff der Benachteiligung durch «Gefährdung» ersetzt oder man sprach von «gefährdeten Jugendlichen». Als gefährdet galten diese Jugendlichen nicht mehr deshalb, weil ihnen Lehrbetriebe und das Schulsystem Schwierigkeiten in Übertrittsprozessen bereiteten, die Gefährdung wurde vielmehr von den Jugendlichen und ihren Lebensumständen selbst abgeleitet.[34]

34 Wenn ich dabei lange davon ausging, dass der Begriff der «Gefährdung» aus dem angelsächsischen Raum und dem Konzept der «at-risk Youth» stammt, so habe ich mich erst später in ganz anderem Zusammenhang gefragt, ob hier eventuell auch eine spezifisch schweizerische Geschichte mitschwingt, nämlich die des schweizerischen Sozialwesens mitsamt der Geschichte des Verdingkindswesens und der administrativen Versorgung (Lengwiler 2018). In meiner Familie mütterlicherseits war es kein Geheimnis, dass mein Grossvater als Zwölfjähriger in den 1930er- und 1940er-Jahren verdingt wurde. Wir wussten um die Geschichte und hatten auch erfahren, was dies alles für meinen Grossvater und seine Familie sowie seine Kinder und seine Ehefrau – meine Grossmutter – bedeutet hatte. Erst vor einem Jahr aber, als ich im Rahmen der historischen und gesellschaftlichen Aufarbeitung der administrativen Versorgung die kantonal gesammelten Akten meines Grossvaters einsehen durfte, habe ich dabei mit Erstaunen festgestellt, dass der Begriff der «Gefährdung» bereits damals Verwendung fand. Konkret hiess es, dass die Mutter meines Grossvaters die «Versorgung des Knaben [...] zu einem Landwirt in die Wege geleitet habe, weil der Knabe zu Hause in verschiedener Hinsicht gefährdet sei». Die Geschichte meines Grossvater zeugt primär von behördlicher Willkür und Gewalt. Letztlich hat ihn seine Mutter gegen den Willen des Vaters verdingt, weil mein Grossvater, so erzählte er uns, eine Beziehung seiner Mutter mit dem Gemeindeamman aufgedeckt hatte; in den Akten ist dabei auch ersichtlich,

Eine nicht unbedeutende Funktion in diesem Prozess der Umdeutung übernahm eine Auftragsstudie, die die Interkantonale Hochschule für Heilpädagogik (HfH) für die Schweizerische Konferenz der kantonalen Erziehungsdirektoren (EDK) durchgeführt hat. Der Schwerpunkt dieser Studie sollte in einem Perspektivenwechsel «weg von den Defiziten hin zu den Ressourcen» bestehen. Anstatt jedoch von der Benachteiligung bei der Lehrstellensuche zu sprechen, wurden individuelle Risikofaktoren von Jugendlichen in der Berufswahl diagnostiziert. Und so galten die «Herkunft aus einem anderen Kulturkreis» oder auch «prekäre familiäre Verhältnisse (z. B. ökonomischer oder auch erzieherische Art)» und nicht zuletzt auch «körperliche und/oder psychische Behinderung» nicht mehr als ein askriptives Merkmal, auf dessen Grundlage die Jugendlichen in den Schulen und Betrieben benachteiligt wurden, sondern als individuelle Risikofaktoren, die in den Jugendlichen selbst zu verorten waren. Vergessen geht in der «Diagnose» der Gefährdung jedoch nicht nur, auf Grundlage welcher Verhältnisse und Umstände jemand «gefährdet» ist. Letztlich öffnet sich damit auch ein Interventionsraum, um die wohlfahrtstaatliche Erziehung und Bestrafung auf der Grundlage einer Gefährdungs-Diagnose zu legitimieren.

So müssen wir auch heute genau hinschauen, wie über Jugendliche gesprochen wird. Bezogen auf die Lehrstellensuche scheint die Formulierung der Gefährdung nämlich den Fokus weg von den benachteiligenden Strukturen zu lenken, auf die bestimmte benachteilige Jugendliche treffen können. Stattdessen wird diesen Jugendlichen in Ausblendung der Macht- und Ungleichheitsverhältnisse und in einer behavioristischen Perspektive ein Defizit in der sogenannten Kontrollüberzeugung – dem *Locus*

---

wie seine Mutter die Verdingung zusammen mit der Gemeinde gegen den Willen und *ohne Wissen* des Vaters in die Wege geleitet hatte.

of Control – diagnostiziert (Jaik/Wolter 2019). Kurz: Die Schuld wird in den Jugendlichen selbst verortet, die – so die Annahme – nicht fähig und willens seien, auch Berufe in Betracht zu ziehen, die eher ausserhalb ihrer ersten Präferenzen liegen. Dass es sich bei diesen Berufen zumeist um sogenannte unattraktive Berufe und Lehrstellen handelt, die zudem auch eine überdurchschnittlich hohe Abbruchsquote aufweisen, wird in dieser psychologistischen Perspektive nicht berücksichtigt. Die strukturellen Bedingungen und die gesellschaftlichen Verhältnisse verschwinden hinter einer individualisierenden Deutungsart.

Lehrpersonen in Widersprüchen und
jugendlicher Eigensinn

Diese diskursiven Verzerrungen lassen Jugendliche und Lehrpersonen nicht unberührt. Auf der Grundlage von ethnografischen und empirischen Studien lässt sich zeigen, wie sensibel Jugendliche und Lehrpersonen unter diesen Verhältnissen reagieren. Ich erinnere mich, wie ich einmal bei einem Schulbesuch in der Klasse eines Brückenangebots beobachtete, wie die Lehrperson die Klasse danach fragte, *ob ihr denn jemand sagen könne, wie viel es die Steuerzahler koste, dass sie* (gemeint waren die anwesenden Jugendlichen) *ein zusätzliches Schuljahr absolvieren*. Daraufhin antwortete ihr die Klasse unisono mit der Nennung eines niedrigen fünfstelligen Betrags. Es war offensichtlich, dass dieses Thema nicht zum ersten Mal behandelt wurde. Die Lehrperson versicherte mir später in einem informellen Gespräch, dass sie in guter Intention so vorgegangen sei. Ihre Absicht war es, den Jugendlichen konkret und monetär bewusst zu machen, wie viel sie dem «Staat» *wert* seien, nämlich eine in ihren Augen nicht unbedeutende fünfstellige Summe. Umgekehrt war für die Jugendlichen aber auch klar, dass sie, weil sie keine Lehrstelle gefunden hatten, den

«Staat» – dieses für sie ominöse Gebilde – etwas kosteten. Negiert wurde seitens der Lehrperson nicht nur, dass dieses Geld unter anderem als Lohnzahlung auch zu den Lehrpersonen selbst zurückfliesst. Ungeklärt blieb zumindest in dieser konkreten Situation auch, wie es dazu kam, dass sich die Jugendlichen überhaupt in diesen Räumlichkeiten des Brückenangebots wiederfanden, das heisst, wie es dazu kam, dass sie trotz Bewerbungsschreiben keine Lehrstelle gefunden hatten und so eventuell auch gegen ihren Willen nochmals ein Jahr in der Schule absitzen mussten.

An diesem Beispiel wird sichtbar, unter welchen Vorzeichen die pädagogische Arbeit und insbesondere die professionelle Beziehung zwischen Lehrpersonen und Schüler:innen steht. Beständig schwebt ein Rechtfertigungsdruck über dem Prozess. Wenn sich Lehrpersonen und Schüler:innen dabei auch in bester Intention und zum Teil auch in eigensinniger Art und Weise dieser Deutungsmacht zu entziehen versuchen – indem sie über einen monetären Bezug eine Wertigkeit fördern und damit ein prekäres Selbstwertgefühl stützen wollen –, so ändert dies letztlich nichts daran, dass hier etwas von aussen an die Jugendlichen und auch an Lehrpersonen oder die Sozialpädagog:innen herangetragen wird: ein generelles Misstrauen, dem sich alle nur schwer entziehen können.

Die Perspektive der Lehrpersonen und involvierten Sozialpädagog:innen lässt sich in theoretischer Perspektive dabei wahrscheinlich am besten mit dem Konzept der «Street-level bureaucracy» nach Lipsky (2010) umschreiben: Sie fungieren als Kompliz:innen und Vollstrecker:innen eines Bildungsauftrags, der neben der Qualifikation und Befähigung von Kindern und Jugendlichen immer auch die Begrenztheit der weiterführenden Bildungs-, Berufs- und Erwerbsmöglichkeiten berücksichtigt, wobei die Lehrpersonen diese Begrenzungen mit Notengebungen, Beratungen und Übertrittsempfehlungen legitimieren. In Anlehnung an den Berliner Ethnografen Stephan Wellgraf (2021), der sich wiederum auf den französischen Philosophen Louis Althusser bezieht, kann die Schule als ein «Ausgrenzungsapparat» oder als eine *Sortiermaschine* verstanden werden, die zwischen den Förderwürdigen und den Förderunwürdigen zu unterscheiden versucht und die die letzteren tendenziell sich selbst überlässt (Domina et al. 2017).

Und doch greift es – wie dies der Jugendsoziologe Paul Willis schreibt – zu kurz, diese Jugendlichen bloss als die «Gelackmeierten» eines Systems zu begreifen. Obschon die Handlungsmöglichkeiten der Jugendlichen insbesondere in Brückenangeboten und Motivationssemestern gering sind, so finden sie trotz dieser eng begrenzten Voraussetzungen immer auch eingeständige Wege, Handlungsspielräume herzustellen und zu verteidigen. Aus einer kritisch-psychologischen Perspektive könnte man von einer «restricted form of agency» bzw. von «resistive agency» sprechen (Eschweiler/Pultz 2021). Im Rahmen meiner Forschung bleibt mir dabei vor allem das Beispiel eines Jugendlichen aus einem Brückenangebot in Erinnerung; seine Geschichte wurde mir von seinem damaligen Lehrer erzählt, der kurzfristig als Aushilfslehrer in der Klasse eingesprungen war. In einer dieser Lektionen sah der Lehrer, wie der Jugendliche während des Unterrichts sein Smartphone bediente. Da der private Gebrauch eines Smartphones gegen die Schulordnung verstiess, intervenierte der Lehrer und zog das Smartphone für den verbleibenden Rest der Stunde ein. Der Schüler opponierte nicht gegen diese Sanktion. Im weiteren Verlauf der Stunde bemerkte der Lehrer, wie das Smartphone des Schülers beständig aufblinkte. Gefühlt jede halbe Minute, so der Lehrer, kam eine sogenannte Push-Nachricht – eine Benachrichtigung von einer Social-Media-Plattform, in diesem Fall Instagram. Irritiert erkundete sich der Lehrer, als er dem Schüler nach der Stunde das Smartphon zurückgab, weshalb dieser so viele Benachrichtigungen erhalte. Der Schüler sagte dem Lehrer, er sei gerade dabei, sein Instagram-Profil und damit ein kleines Online-Side-Business aufzubauen. Die Idee dazu hätte er einem US-amerikanischen Influencer abgeschaut. Dieser bewirtschafte ein Online-Profil, auf dem Paare ihre gemeinsamen Fotos als «Online-Liebesbeweis» veröffentlichen können. Der Clou sei dabei, dass die Seite von einer Vielzahl von Personen «abonniert» sei, sodass diese Paarfotos eine viel grössere Reichweite erzielten, als wenn sie einzig auf den persönlichen Profilen der Paare veröffentlicht würden. Man könne sich das in analoger Weise als eine öffentliche Bekundung der gegenseitigen Liebe – und damit wiederum auch der öffentlichen Markierung des Paarstatus – vorstellen. Der Jugendliche war nun dabei, seine eigene Seite zu etablieren. Er erreichte den kritischen Kippmoment, in dem ihm mehr Personen online «folgten», als denen er selbst folgte. Seine Seite bzw. die Anzahl der Personen, die seine Seite abonniert hatten, begann sich zu verselbstständigen und wuchs beständig. Irgendwann hatte der Jugendliche eine Masse erreicht, mit der er sich neben den Beträgen, die er für das Veröffentlichen der entsprechenden Fotos von den Paaren verlangte, zusätzlich auch über Werbeeinnahmen finanzieren konnte. Er hatte parallel zu seinem Werdegang als lehrstellenloser Brückenangebotsschüler einen Werdegang als Entrepreneur auf sozialen Medien initiiert. Erst danach gelang es ihm endlich, eine zweijährige EBA-Lehrstelle als Büroassistent zu finden – bis dahin hatte er nur Absagen erhalten.

Wenn wir auf der Grundlage der Bildungsstatistik nur zu gut darüber Bescheid wissen, wie komplex und schwierig sich die Situation im Übergang in die Sekundarstufe II für Jugendliche aus dem tiefsten Leistungsniveau der Sekundarstufe I gestaltet, so müssen wir diesem Jugendlichen eine hohe Berufsorientierungskompetenz attestieren: Er hat sich selbstständig um seine berufliche Zukunft gekümmert, auch weil er um seine schlechten Chancen auf dem Lehrstellenmarkt Bescheid wusste. Der Erziehungswissenschaftler Marcel Eulenbach (2016) spricht diesbezüglich von der «Selbstoptimierung» als einer «Subjektivierungsform» im Rahmen entstandardisierter Übergänge. Gemeint ist, dass im Rahmen einer allgemeinen Erosion von Beruflichkeit und Berufsmöglichkeiten von Jugendlichen und insbesondere benachteiligten Jugendlichen diese dazu angehalten werden, nach individuellen Wegen der Überwindung struktureller Problemlagen zu suchen. Selbstoptimierung verkommt in diesem Sinne zu einer gesellschaftlichen Notwendigkeit, um der Prekarität zu entrinnen. Umgekehrt prekarisiert sich mit dieser Notwendigkeit der Übergang ins Erwerbsleben aber nochmals. Es bleiben diesem jugendlichen Online-Entrepreneur nur Räume offen, in denen primär eine kapitalistisch-neoliberale Logik der Selbstvermarktung vorherrscht und die darüber hinaus auch viel kurzwertiger als ein erlernter Beruf funktionieren.

Kann es vor diesem Hintergrund zulässig sein, den Jugendlichen in einer Mischung aus psychologistischer und bildungsökonomischer Perspektive einzig eine *fehlende Kontrollüberzeugung* (vgl. Jaik/Wolter 2019) bei der Lehrstellensuche zu attestieren, ohne umgekehrt auf die benachteiligenden Strukturen einzugehen, denen einzelne Jugendliche auf der Grundlage von Fremdenfeindlichkeit, Rassismus, Sexismus und Ableismus auch begegnen können? Zu denken ist zum Beispiel an den Fall, dass sich Schüler:innen vom tiefsten Leistungsniveau für Lehrstellen bewerben und dabei mit Zeugnissen markiert werden, in denen Lernzielbefreiungen angegeben sind, nur weil eine Lehrperson in Negierung ihrer pädagogischen

Verantwortung es vorgezogen hatte, den Jugendlichen «aufzugeben» statt nach weiterführenden und de-stigmatisierenden Möglichkeiten der Beschulung (z. B. mittels Nachteilsausgleich) Ausschau zu halten. Letztlich artikuliert sich in diesem eng positivistischen Verständnis das Bestreben der Erwachsenen, aus benachteiligten Jugendlichen untergeordnete Arbeitnehmende im Sinne einer kapitalistischen Verwertungslogik zu formen.

Wie weiter?

Mehr denn je stellt sich vor diesem vertrackten Hintergrund die Frage, wie weiter. Denn letztlich läuft die Zeit weiter und mit jedem Sommer, der vergeht, findet sich eine neue Kohorte von Jugendlichen, von Lehrpersonen und Sozialpädagog:innen vor gleiche Probleme gestellt: Einer gewissen Anzahl von Jugendlichen gelingt es – wenn überhaupt – nur mit Müh und Not, Anschluss zu finden. Wenn die weiterführende Ausbildung dabei je länger, desto mehr im Rahmen einer allgemeinen Bildungsexpansion bzw. Wachstumslogik zur gesellschaftlichen Norm erhoben wird, so wird ersichtlich, wie der Druck an diesem unteren Ende des Bildungssystems und der Gesellschaft beständig steigt.[35] In diesem Zusammenhang ist nicht zuletzt auch auf eine Reihe von Revisionen von sozialstaatlichen Rahmenbedingungen und Gesetzgebungen hinzuweisen, die verdeutlichen, wie vonseiten des «fürsorglichen» Sozialstaats mit ebendiesen Jugendlichen umgegangen wird. Anstatt nämlich wie in der 2003 abgelehnten Lehrstelleninitiative nach Möglichkeiten einer Berufsbildungsgarantie zu sondieren, erhöht sich stattdessen vor dem Hintergrund einer Kostenoptimierung der Druck, der auf junge Erwachsene

---

35 Man muss sich nur die Entwicklung des Begriffs «Ausbildungslosigkeit» vor Augen führen, der bis in die 1990er-Jahren den Tatbestand beschrieb, dass jemand keinen Schulabschluss besass. Heute hingegen ist das Fehlen eines *nachobligatorischen* Schulabschlusses damit gemeint (Solga 2002).

im Rahmen einer Aktivierungsideologie ausgeübt wird. Und so werden erwerbs- und arbeitslose junge Erwachsene sowie auch Jugendliche, die sich mit körperlichen und psychischen Leiden konfrontiert sehen, weniger im Sinne einer Befähigung reintegriert als vielmehr im Sinne eines Zwangs zur Selbstbefähigung unter prekären Bedingungen.

Wie aber können diese sogenannten gefährdeten Jugendlichen und jungen Erwachsenen für sich selbst sorgen, wenn ihnen nur bedingt Chancen angeboten und parallel dazu auch noch Steine in den Weg gelegt werden? Letztlich kommen wir als Lehrpersonen, Sozialpädagog:innen und auch als Bildungswissenschaftler:innen nicht darum herum, *mit* anstatt *gegen* diese Jugendlichen zu arbeiten – im Sinne einer Beziehungsarbeit. Auf der Grundlage meiner Feldforschung könnte ich dabei von einer Vielzahl von Lehrpersonen berichten, die mit hohem Engagement und einer Leistungsbereitschaft, die über den primären Bildungsauftrag und dessen Anstellungsrahmen hinausgeht, nach Mitteln und Wegen für diese Jugendlichen suchen. Und doch ändert dies nichts daran, dass noch so engagierte Lehrpersonen und Sozialpädagog:innen letztlich mit Jugendlichen konfrontiert sind, die es trotz Einsatz und Wille schwer haben, zu reüssieren. Eingängig bleibt mir dabei das Beispiel eines Konrektors eines kantonalen Brückenangebots, der mir bei einem der Gespräche mit einer alles andere als selbstverständlichen Offenheit davon berichtete, wie lange er selbst glaubte zu wissen, was diesen Jugendlichen im Brückenangebot fehle – bis er dann selbst eines Tages seinen Sohn für ein Brückenangebot anmelden musste, weil dieser eben trotz aller Anstrengung keinen Anschluss gefunden hatte.

Im Grunde bleiben uns – mit Bourdieu (2009) gesprochen – nur *prophetische Handlungsoptionen* offen. Handlungen also, die eine Sinngebung für die Jugendlichen und vor allem für die involvierten bzw. ausübenden

Pädagog:innen erzeugen, ohne selbst etwas an den strukturellen Ausgangsbedingungen ändern zu können. Wenn wir uns dabei auch beständig darüber hinwegzutäuschen versuchen, dass unsere Arbeit im Einzelfall doch gewirkt hat, so sehen wir uns gleichzeitig einer kleinen, aber real existierenden Anzahl von Jugendlichen gegenüber, die auch nach ein bis zwei Jahren Übergangsausbildung keinen Anschluss in die nachobligatorische Ausbildung finden.

Es war mir ein Anliegen, aus der wissenschaftlichen Perspektive Anregungen für das Feld der Praxis zu formulieren. Je länger ich aber während des Schreibprozesses an die jeweiligen Bedingungen dachte, unter denen die Beziehungsarbeit zwischen Jugendlichen und Erwachsenen stattfindet, umso offensichtlicher war es, dass die schwierigen Verhältnisse selbst zum Gegenstand der Auseinandersetzung gemacht werden mussten. Als Dozierender an der Pädagogischen Hochschule bin ich qua meiner Funktion dazu angehalten, Studierenden etwas im Hinblick auf ihre spätere schulische Praxis im Rahmen der Berufsorientierung mitzugeben. Dazu gehört jedoch das Bewusstmachen, dass wir immer wieder auf die Individualisierung von strukturellen Problemlagen treffen. Die Praxis der Berufsorientierung gewinnt an den Schulen, in der Bildungsverwaltung und in der Bildungspolitik primär deshalb an Bedeutung, weil man so tun kann, als ob es nur einer genügend guten Berufsorientierung bedürfe, um alle Probleme zu beseitigen. Nicht von ungefähr beginnt sich die Berufsorientierung als Praxis auszudifferenzieren. In Deutschland zum Beispiel sind Bestrebungen sichtbar, die das Ziel haben, die Berufsorientierung vorzuverlegen und Potenzialanalysen zu machen – weniger im Sinne der Befähigung der Schüler:innen als vielmehr zur Rechtfertigung von nachgelagerter Bestrafung –, wenn das vorgängig eruierte «Potenzial» nicht von Jugendlichen und

Lehrpersonen in Form einer entsprechender Anschlusslösung verwirklicht wurde.

Dieser Beitrag ist eine Kritik an der Selbstoptimierungsideologie. Ich habe, ohne konkrete Handlungsalternativen anzubieten, auf die Macht- und Ungleichheitsverhältnisse hingewiesen, unter denen die pädagogische Praxis der Berufsorientierung stattfindet. Der französische Soziologe Emile Durkheim hatte in seinen Texten bereits um die vorletzte Jahrhundertwende darauf aufmerksam gemacht, wie bedeutsam das Verständnis füreinander in der arbeitsteiligen Gesellschaft ist. Er bediente sich der Metapher des sozialen Bandes, das zwischen den einzelnen Professionen, aber auch den gesellschaftlichen Akteur:innen beständig zu weben und aufrechtzuerhalten sei. Die gegenseitige Wahrnehmung und Anerkennung der geleisteten Arbeit scheint mir eine Grundvoraussetzung für die mögliche Erhaltung und Gestaltung dieses sozialen Bandes zu sein. Wahrnehmen und anerkennen lässt sich eine berufliche Tätigkeit aber nur dann, wenn auch die gesellschaftlichen Macht- und Ungleichheitsverhältnisse berücksichtigt werden, in denen eine Arbeit erst erzeugt und geleistet wird.

Arni, C. (1998). «Keine Zukunft, irgendwie.» Auf der Suche nach einer Lehrstelle. In: Honegger, C./Rychner, M. (Hrsg.). *Das Ende der Gemütlichkeit. Strukturelles Unglück und mentales Leid in der Schweiz*. Zürich: Limmat Verlag, S. 321–344.

Becker, R./Schoch, J. (2018). *Soziale Selektivität. Empfehlungen des Schweizerischen Wissenschaftsrates SWR; Expertenbericht von Rolf Becker und Jürg Schoch im Auftrag des SWR*. Bern: SWR.

BFS (Cartographer). (o.J.). *Statistischer Atlas der Schweiz*. Neuchâtel: Bundesamt für Statistik (BFS).

Bonoli, G./Emmenegger, P. (2021). The limits of decentralized cooperation: promoting inclusiveness in collective skill formation systems? In: *Journal of European Public Policy*, 28(2), S. 229–247. doi:10.1080/13501763.2020.1716831.

Bourdieu, P. (1979). *La distinction. Critique sociale du jugement*. Paris: Les Éditions de Minuit.

Bourdieu, P. (2009). *Religion*. Konstanz: UVK.

Büchel, K./Geiss, M./Hägi, L. (2020). Berufsbildung, Konjunktur und Arbeitsmarkt. In: Brühwiler, I./Criblez, L./Crotti, C./Helfenberger, M./Hofmann, M./Manz, K. (Hrsg.). *Schweizer Bildungsgeschichte. Systementwicklung im 19. und 20. Jahrhundert*. Zürich: Chronos.

Dahmen, S. (2021). *Regulating Transitions from School to Work*: Bielefeld: transcript.

Domina, T./Penner, A./Penner, E. (2017). Categorical Inequality: Schools As Sorting Machines. In: *Annual Review of Sociology*, 43(1), S. 311–330. doi:10.1146/annurev-soc-060116-053354.

Eschweiler, J./Pultz, S. (2021). Recognition Struggles of Young Danes Under the Work First Paradigm – a Study of Restricted and Generalised Agency. In: *Human Arenas*. doi:10.1007/s42087-021-00200-7.

Eulenbach, M. (2016). Jugend und Selbstoptimierung. Wie die Entstandardisierung von Übergängen einer neuen Subjektivierungsform den Weg ebnet. In: Luedtke, J./Wiezorek, C. (Hrsg.). *Jugendpolitiken: wie geht Gesellschaft mit «ihrer» Jugend um?* Weinheim/Basel: Beltz Juventa, S. 141–161.

Golder, L./Mousson, M./Venetz, A./Bohn, D./Wolter, S. C. (2020). *Nahtstellenbarometer 2020*. Bern: GSF.

Heinimann, E. (2006). *Auf der Wartebank. Jugendliche im Motivationssemester*. Bern: Institut für Soziologie.

Imdorf, C. (2017). Understanding discrimination in hiring apprentices: how training companies use ethnicity to avoid organsational trouble. In: *Journal of Vocational Education & Training*, 69(3), S. 405–423.

Jaik, K./Wolter, S. C. (2019). From dreams to reality: market forces and changes from occupational intention to occupational choice. In: *Journal of Education and Work*, 32(4), S. 320–334. doi:10.1080/13639080.2019.1637830.

King, V. (2013). *Die Entstehung des Neuen in der Adoleszenz*. Wiesbaden: Springer.

Lengwiler, M. (2018). Der strafende Sozialstaat: konzeptuelle Überlegungen zur Geschichte fürsorgerischer Zwangsmassnahmen. In: *Traverse: Zeitschrift für Geschichte*, 25(1), S. 180–196. doi:http://doi.org/10.5169/seals-772396.

Lipsky, M. (2010). *Street-Level Bureaucracy. Dilemmas of the Individual in Public Service*. New York: Russell Sage Foundation.

Lüthi, S./Wolter, S. C. (2020). Are apprenticeships business cycle proof? In: *Swiss Journal of Economics and Statistics*, 156(1), 3. doi:10.1186/s41937-019-0047-1.

Mey, E. (2015). Wege in die Arbeitswelt – dorthin, wo noch Platz ist. In: Geisen, T./Ottersbach, M. (Hrsg.). *Arbeit, Migration und Soziale Arbeit: Prozesse der Marginalisierung in modernen Arbeitsgesellschaften*. Wiesbaden: Springer VS, S. 235–261.

Meyer, T. (2003). Zwischenlösung – Notlösung? In: Büro für Statistik (Hrsg.). *Wege in die nachobligatorische Ausbildung. Die ersten zwei Jahre nach Austritt aus der obligatorischen Schule*. Neuchâtel: BFS, S. 101–109.

Meyer, T. (2009). Wer hat, dem wird gegeben: Bildungsungleichheit in der Schweiz. In: Suter, C./Perrenoud, S./Levy, R./Kuhn, U./Joye, D./Gazareth, P. (Hrsg.). *Sozialbericht 2008. Die Schweiz vermessen und verglichen*. Zürich: Seismo, S. 60–81.

Meyer, T./Sacchi, S. (2020). Wieviel Schule braucht die Berufsbildung? Eintrittsdeterminanten und Wirkungen von Berufslehren mit geringem schulischen Anteil. In: *Kölner Zeitschrift für Soziologie und Sozialpsychologie*, 72(1), S. 105–134.

Pool Maag, S. (2016). Herausforderungen im Übergang Schule Beruf: Forschungsbefunde zur beruflichen Integration von Jugendlichen mit Benachteiligungen in der Schweiz. In: *Schweizerische Zeitschrift für Bildungswissenschaften*, 38(3), S. 591–609.

Preite, L. (2021). Berufliche Grundbildung gegen Bezahlung. Eine Fallstudie von den Rändern des Schweizer Bildungssystems. In: *Widerspruch*, 76 (21), S. 41–47.

Preite, L. (2022). *Widerstand als Selbstbehauptung. «Gefährdete» Jugendliche im Berufsbildungs- und Übergangssystem*. Bielefeld: transcript.

Solga, H. (2002). «Ausbildungslosigkeit» als soziales Stigma in Bildungsgesellschaften. In: *Kölner Zeitschrift für Soziologie und Sozialpsychologie*, 54(3), S. 476–505.

Wellgraf, S. (2021). *Ausgrenzungsapparat Schule: Wie unser Bildungssystem soziale Spaltungen verschärft*. Bielefeld: transcript.

Trotz meritokratischem Narrativ: Schweizer Bildungssystem reproduziert soziale Ungleichheiten

Ruth Gurny

In diesem Beitrag lenken wir die Perspektive auf die gesellschaftliche Wirkung, die die Bildungsinstitution entfaltet. Insbesondere interessiert uns, ob und wie sich die Bildungsinstitution der Reproduktion der gesellschaftlichen Verhältnisse widmet und mithilft, gesellschaftliche Privilegien über die Generationen hinweg zu verfestigen. Und wie verträgt sich das mit dem Anspruch der Schule, ein Ort universalistischer Werte zu sein, wo Stand und Klasse keine Rolle spielen?

Bildung wird vererbt

Die neuesten Zahlen des Bundesamts für Statistik bestätigen, was wir schon lange wissen und was uns mittlerweile kaum mehr zu überraschen vermag: Während nur 27 Prozent der Kinder aus bildungsfernen Familien studieren, sind es bei Kindern mit Akademikereltern 70 Prozent (Bundesamt für Statistik 2023). Diese Tatsache ist alles andere als neu. Eine der frühesten und umfassendsten Studien zum Thema stammt von Lamprecht und Stamm aus dem Jahr 1996. Die beiden Autoren untersuchten auf der Basis der Schweizer Volkszählungsdaten von 1990, welchen Einfluss die soziale Herkunft auf die Bildungsbeteiligung hat (Lamprecht/Stamm 1996). Die Autoren schreiben: «Die Wahrscheinlichkeit, dass die Ausbildung nach Ablauf der obligatorischen Schulzeit abgeschlossen sein wird, [ist] für Kinder von ungelernten Arbeitern und Angestellten dreimal höher und für Kinder von Akademikern und höheren Kaderleuten fünfmal kleiner als für die Gesamtheit der Kinder dieser Altersgruppe. Setzt man nur die beiden Extremkategorien miteinander in Beziehung, so heisst dies: Die Wahrscheinlichkeit, nach Erfüllung der Schulpflicht keine weitere Ausbildung zu erlangen, ist für Kinder von ungelernten Arbeitern und Angestellten gut 15-mal höher als für Akademikerkinder und Kinder von Eltern in höheren Kaderfunktionen. Umgekehrt sind die Chancen, in eine Mittelschule einzutreten, für Kinder von Akademikern und höheren Kaderleuten rund achtmal höher als für Kinder von unqualifizierten Arbeitern und Angestellten.»

Die Analysen von Stamm und Lamprecht bezogen sich auf Daten aus der Volkszählung 1990. Die kritische Dokumentation und die Diskussion der Bildungsvererbung begannen aber bereits lange vorher. Bereits in den 1960er- und in den 1970er-Jahren wurde die Vererbung von Bildung als unvereinbar empfunden mit unserem Anspruch an die Bildungsinstitution, im Dienste einer «offenen Gesellschaft» zu stehen und einen Beitrag für eine solidarische und gerechte Gesellschaft zu leisten. Immerhin bestand die Hoffnung, dass sich die Situation im Zuge der massiven Bildungsexpansion in der zweiten Hälfte des letzten Jahrhunderts verändern würde. Diese Hoffnung wurde aber nicht erfüllt: Stamm und Lamprecht kommen aufgrund ihrer Analyse zum Schluss, dass es trotz dieser Expansion für die Kinder aus unteren sozialen Lagen nicht zu einem Abbau der Bildungsvererbung gekommen ist. Der Einfluss des wichtigsten zugeschriebenen Faktors zur Erklärung des Bildungserfolgs – die Bildung der Eltern – bleibt über die Zeit unverändert hoch. Die Chancen, eine Mittelschule und später die Hochschule zu besuchen, sind für ein Akademikerkind nach wie vor um ein Vielfaches besser als für ein Kind aus einem tieferen Bildungsmilieu. Im Zuge der Öffnung des Bildungssystems konnten bisher benachteiligte Kinder zwar vermehrt auch höhere Bildungsstufen erreichen, aber weil ihre Aufstiegschancen im Vergleich zu Personen aus mittleren und höheren Lagen nicht überproportional angestiegen sind, kommt es nicht zu einer Kompensation der Benachteiligung. Da sich die herkunftsspezifischen Benachteiligungen nicht ausgleichen liessen, hat sich die Selektion einfach auf eine höhere Stufe verschoben. Die Autoren kommen zum Schluss, dass die Annahme, dass es über die Bildungsexpansion automatisch zu mehr Chancengleichheit komme, als Illusion erweist (ebd.: 54).

Inzwischen sind mehr als drei Jahrzehnte vergangen, an der Sachlage hat sich aber kaum etwas geändert, die «soziale Selektivität» oder – wie es neuerdings heisst – die Verletzung von «equity» im Schweizer Bildungssystems ist nach wie vor Realität. Darauf weisen die Befunde der PISA-Studien und Berichte der OECD hin. Es gelingt ganz offensichtlich dem Schweizer Bildungswesen nicht, die bestehende soziale Ungleichheit zu vermindern. «In keinem OECD-Land wirkt sich die Zusammensetzung der Schulen nach sozialer und sprachlicher Herkunft so stark auf die Schulleistung der einzelnen Schülerinnen und Schüler aus wie in der Schweiz» (Dlabac et al. 2021). Die Verfasser des Expertenberichts des Schweizerischen Wissenschaftsrates wählen klare Worte: «In der Schweiz lassen sich die Bildungswege und der Erwerb von Abschlüssen mit hoher Sicherheit anhand weniger Informationen über sozioökonomische Ressourcen und das Bildungsniveau des Elternhauses vorhersagen. Die Chancengleichheit im Sinne von gleichen Startchancen bei der Einschulung ist nicht gegeben. Im Gegenteil: Die Struktur und die institutionellen Regelungen des stratifizierten und segmentierten Bildungssystems reproduzieren bestehende soziale Ungleichheiten» (Schweizerischer Wissenschaftsrat 2018: 27).

Das meritokratische Narrativ

Die Vererbung von Bildung wird zunächst einmal als anstössiger gesellschaftlicher Tatbestand empfunden. Anders als beim Erben materieller Güter, in der Schweiz sozusagen sakrosankt,[36] verletzt die Vererbung von Bildungsstatus offenbar die Vorstellung von Gerechtigkeit. Vererbung von Bildung verstösst insbesondere gegen das Versprechen der liberalen Gesellschaft, wonach jeder und jede unabhängig von der familiären Herkunft, einfach entsprechend seiner oder ihrer Leistung und Leistungsfähigkeit «etwas werden kann».

Wenn also die Vererbung von Bildung über Jahrzehnte bekannt, beschrieben, analysiert und kritisiert worden ist und dennoch in den Grundzügen sich nichts daran verändert, gibt es wohl starke Kräfte für den Erhalt des Status quo. Eine wichtige Rolle spielt dabei das meritokratische Narrativ: Die ungleiche Verteilung der Schüler:innen auf die verschiedenen Leistungsstufen und damit das Erreichen eines unterschiedlich wertvollen Bildungsstatus beim Verlassen des Bildungssystems legitimiert sich ganz einfach über die unterschiedlichen Leistungen der Schüler:innen: Wer bessere schulische Leistungen erbringt, erwirbt sich das Anrecht auf einen höheren Bildungsstatus.

36 Vgl. dazu etwa die wuchtigen Ablehnungen von Initiativen für Erbschaftsteuern, zuletzt auf eidgenössischer Ebene im Jahr 2015. Nur gerade 29 Prozent der Stimmenden sprachen sich für die Einführung einer Erbschaftsteuer für direkte Nachkommen aus, 71 Prozent votierten dagegen.

Das meritokratische Narrativ blendet natürlich aus, wie denn Leistung zustande kommt. Die Schule ist quasi eine von allen gesellschaftlichen Einflüssen abgekoppelte Insel.

Dass das eine politisch gewollte Vernebelung gesellschaftlicher Mechanismen darstellt, wurde früh thematisiert. Insbesondere Bourdieu und Passeron (1970) geisselten in ihren Studien die Vorstellung der schulischen Unabhängigkeit und Neutralität als gesellschaftlich inszenierte Illusion. Sie zeigten, dass sich das Bildungssystem als scheinbar neutraler Raum darstellt, der gleiche Chancen für alle Schüler:innen bietet und unabhängig von sozialen Unterschieden funktioniert. Diese Illusion der Gleichheit und Neutralität lenke jedoch von den tatsächlichen sozialen Mechanismen ab, die im Bildungssystem wirken. In Wirklichkeit, so Bourdieu und Passeron, reproduziere die Schule die bestehenden sozialen Hierarchien und Klassenunterschiede, indem sie bestimmte Formen des Wissens, der Kultur und der Bildung bevorzuge und damit die sozialen Strukturen aufrechterhalte. Für Bourdieu und Passeron wird die Schule mit ihrer vermeintlichen Neutralität und Unabhängigkeit eine Art Tarnung für die Realität der sozialen Ungleichheit. Die Funktion der Schule besteht dann ganz wesentlich darin, Privilegien der sozialen Herkunft in Eigenleistungen umzudeuten und damit zu legitimieren.

In seinem einflussreichen Werk «Theorie der Schule» (1981) kommt Fend zu einer ähnlichen Einschätzung. Er analysiert die verschiedenen gesellschaftliche Funktionen des Schulsystems und schenkt der Selektions- und Allokationsfunktion besondere Bedeutung.[37] Auf der Grund-

---

37 Neben der Selektions- und Allokationsfunktion im Sinne der Zuweisung sozialer Positionen kommen gemäss Fend dem Bildungswesen drei weitere Aufgaben respektive gesellschaftliche Funktionen zu: Die Schule ist Ort der sozialen Integration, Ort der Vermittlung von Qualifikation für spätere berufliche Aufgaben und sie sorgt schliesslich für die Enkulturation, das heißt die Einführung in das kulturelle Erbe der Gemeinschaft der Kinder.

lage der Fähigkeiten und Leistungen, die die Schüler:innen zum Teil mitbringen, zum Teil in der Schule entfalten, werden sie den verschiedenen Bildungswegen zugeteilt. Oder anders gesagt: Der enge Zusammenhang zwischen dem Herkunftsmilieu und der Schullaufbahn gilt nicht als «ungerecht», sondern erfolgt quasi zwingend, weil ja die Verteilung der Schüler:innen auf die unterschiedlich aussichtsreichen Bildungsgänge «leistungsgerecht» erfolgt. Dazu aber muss die Leistung der Schüler:innen gemessen werden, am besten natürlich schon relativ früh (Breidenstein 2020). Dass dabei die Kinder aus bildungsnahen Milieus besser abschneiden, liegt auf der Hand. Die Ausstattung ihrer Herkunftsfamilien mit kulturellem, ökonomischem und sozialem Kapital ist unvergleichlich grösser als die Ausstattung von Kindern aus armen oder bildungsfernen Familien. Lern- und Leistungsbereitschaft, Sprachvermögen, auch die Fähigkeit zum Aufschub der Bedürfnisbefriedigung – all das kommt aufgrund der milieuspezifischen Förderung zustande, die bereits vor Schuleintritt stattfindet und zu ungleichen Startbedingungen in die schulische Karriere führt. Beim Übertritt in weiterführende Schulen wird der Einfluss nochmals deutlich, wenn es um die Frage der Unterstützung durch das Elternhaus geht. Der Begriff der «Parentokratie» bringt diesen Zusammenhang auf den Punkt (vgl. z. B. Waldow 2014).

Was wäre denn eine fortschrittliche Bildungspolitik?

Wenn wir trotz all dem Gesagten daran festhalten, dass in der Schule für Chancen- und Bildungsgerechtigkeit gesorgt werden soll – was bleibt dann zu tun? Was kann eine fortschrittliche Bildungspolitik leisten trotz der wirkmächtigen Mechanismen im Interesse der Reproduktion der gesellschaftlichen Schichtung? Gleichbehandlung in der Schule reicht offensichtlich nicht, die ungleichen Startbedingungen auszugleichen. Als minimale Variante kann man sich darauf einigen, dass das Schulsystem keine zusätzlichen Benachteiligungen erzeugen soll, wenn denn schon eine Neutralisierung sozial bedingter Benachteiligungen kaum möglich ist. Einiges ist durchaus bekannt: Empirisch ist beispielsweise belegt, dass sich eine frühe Selektion und eine hierarchisch gegliederte Sekundarstufe ungünstig auswirken. In Kantonen, die sich für eine getrennte Organisation auf Sekundarstufe I entscheiden, hängen die in der Schule erworbenen Fähigkeiten am stärksten von der sozialen Herkunft der Schüler ab. In einem integrierten oder gemischten Modell ist es umgekehrt leichter, das Prinzip der Chancengerechtigkeit beim Kompetenzerwerb am Ende der obligatorischen Schulzeit verwirklicht zu sehen. D'Addio (2007: 60) zitiert eine Studie von Bauer und Riphahn (2006), die zum Schluss kommen, dass in der Schweiz die frühe Zuweisung in die verschiedenen Leistungsstufen der Sekundarschule den relativen Vorteil von Kindern hoch gebildeter Eltern verstärkt. Sie testeten anhand von Schweizer Daten, ob die intergenerationale Bildungsmobilität durch den Zeitpunkt des Übergangs in die Sekundarschule beeinflusst wird. Dabei zeigt sich, dass ein später Übergang sich signifikant auf die Mobilität auswirkt und den relativen Nachteil von Kindern aus Familien ohne akademischen Abschluss verringert. Auch Neuenschwander (2009) stellte fest: «Je früher die Selektion, desto stärker der Einfluss der sozialen Herkunft.» Schliesslich zeigen Felouzis und Charmillot (2017) anhand von PISA-Daten, dass getrennte Systeme mit hierarchischen Schultypen den Einfluss des sozioökonomischen Herkunftsstatus verstärken. Hier könnte man also durchaus ansetzen – wenn man denn wollte. Hart ins Gericht fährt Zürcher, der ehemalige Generalsekretär der Schweizerischen Akademie der Geistes- und Sozialwissenschaften, mit dem bestehenden Volksschulsystem. Im Vorwort zu seiner Publikation «Fördern statt Selektionieren» (2023) schreibt er: «Die tragenden Strukturen und Funktionen der Volksschule [sind] tief in einer ständischen, zünftisch geprägten Ordnung verankert. Dazu gehören das Klassenzimmer, das System der Jahrgangsklassen, die Prüfungen, die Noten mit ihren Vermessungen, die Selektion und die Vergabe von Berechtigungen. Im Unterschied zu den höheren Schulen gelang es bis heute nicht, die Volksschule gründlich zu reformieren. Entsprechend werden unsere Kinder und Jugendlichen nicht gefördert, sondern früh selektioniert. Ihre Potenziale werden nicht ausgeschöpft; ihre Neugier und Motivation werden durch die veralteten Funktionsweisen der Volksschule unterlaufen.»

Es bliebe also mehr als genug zu tun im Rahmen innerschulischer Reformen. Die Autoren des Expertenberichts «Soziale Selektivität» des Schweizerischen Wissenschaftsrates stellen in ihrem Kapitel 4.3 Ansätze aus bildungsstruktureller und institutioneller Sicht zusammen, die herkunftsbedingte Nachteile mindestens teilweise zu kompensieren oder neutralisieren vermögen (Schweizerischer Wissenschaftsrat 2018: 65). Dazu gehört unbedingt auch der Fokus auf die frühkindliche Betreuung und Begleitung in Kindertagesstätten. Seit Langem weiss man, dass Menschen mit relativ niedrigem Einkommen ihre Kinder zu einem vergleichsweise geringen Anteil in Kitas betreuen lassen. Das hat mit den hohen Kosten zu tun. Die Zahlen des Bundesamtes für Statistik aus dem Jahr 2021 sprechen eine deutliche Sprache: Der Anteil von Kindern aus Haushalten mit den höchsten Einkommen ist fast dreimal höher als der Anteil von Kindern aus Haushalten mit den niedrigsten Einkommen.[38]

---

38 Vgl. dazu https://www.bfs.admin.ch/bfs/de/home/statistiken/bevoelkerung/familien/familienergaenzende-kinderbetreuung.assetdetail.24267317.html.

Was es wirklich braucht: Fokus auf die Ungleichheit in der Gesellschaft

Wenn wir es ernst meinen mit der Überwindung der Bildungsvererbung, dann können wir die Verantwortung nicht einfach der Bildungsinstitution aufbürden. Was die Kinder an sozialer Ungleichheit mitbringen, ihre Vor- und Nachteile für die schulischen Leistungen, kann die Volksschule beim besten Willen nicht neutralisieren. Hier muss also angesetzt werden. Schauen wir die vergleichenden Studien zu den PISA-Tests an: In Ländern mit niedrigen Einkommensungleichheiten schneiden die Schüler:innen im Durchschnitt besser ab als in Ländern mit hohen Ungleichheitswerten wie beispielsweise die Schweiz mit einem vergleichsweise hohen Gini-Index.[39]

Diverse Massnahmen bieten sich an, um die Ungleichheit anzugehen:

Kampf der Armut, insbesondere der Kinderarmut. Im Jahr 2021 waren gemäss den Daten des Bundesamtes für Statistik in der Schweiz 745.000 Menschen armutsbetroffen. 157.000 Männer und Frauen sind trotz Erwerbsarbeit arm – sie sind sogenannte *Working Poor*. Armutsbetroffen sind auch 134.000 Kinder. Kinder- und Jugendarmut ist besonders schlimm, weil für die Betroffenen bereits in jungen Jahren viele Türen verschlossen bleiben. Die Gefahr ist gross, dass diese Nachteile über Jahre und Jahrzehnte weitergegeben werden und so bestehen bleiben.

---

[39] Der Gini-Index als Mass für die Einkommensungleichheit betrug für das Jahr 2022 in der Schweiz 31.4 und lag damit klar vor Ländern mit besseren PISA-Ergebnissen wie beispielsweise Dänemark, Finnland, Norwegen (Statista 2023).

Nicht-stigmatisierende materielle Unterstützung der Familien. Das Modell der Allgemeinen Erwerbsversicherung[40] will anstelle der kommunalen Sozialhilfe auf eine eidgenössische Lösung mit Ergänzungsleistungen umsteigen.

Ergreifen einer Ausbildungsoffensive, die Menschen mit kleinem Bildungsrucksack reale Möglichkeiten verschafft, Bildung und Berufsbildung nachzuholen. Dazu gehören Stipendien, die es Erwachsenen ermöglichen, sich ohne materielle Sorgen der Ausbildung zu widmen. Der Vorschlag für eine Ausbildungsoffensive liegt detailliert aufgearbeitet vor im Buch «Für alle und für alle Fälle» (Gurny/Ringger 2022). Die damit möglichen positiven Erfahrungen mit dem Bildungssystem sind nicht nur für das eigene Fortkommen in der Arbeitswelt nützlich, sondern werden auch an die Kinder weitergegeben und ermöglichen diesen einen besseren Start in die Schulkarriere.

Verringerung der Spreizung der Einkommen, Kampf für Mindestlöhne, die die hohen Lebenshaltungskosten in der Schweiz berücksichtigen.

Ergreifen von Massnahmen für eine rückverteilende Steuerpolitik.[41] Dazu gehören zuallererst die Einführung einer Erbschaftsteuer, aber auch eine Besteuerung von Kapitalgewinnen und weiteren, bislang vom Fiskus unberührten Vermögenswerten.

---

40 Vgl. z.B. die Vorschläge des Denknetzes mit der AEVplus (Gurny/Ringger 2022).
41 Es drängt sich auf, konsequent den Begriff der Rückverteilung anstelle der Umverteilung zu benutzen, da die Umverteilung von unten nach oben schon vorher passiert und deshalb das Steuersystem für die Rückverteilung sorgen muss (Baumann/Ringger 2011).

Fazit

Wenn wir mehr Bildungsgerechtigkeit wollen, müssen wir eine gesamtgesellschaftliche Perspektive einnehmen und die Ungleichheit in der Gesellschaft angehen. Mehr soziale Gerechtigkeit – und dazu gehört ganz zentral auch Bildungsgerechtigkeit – erreichen wir nur mit dem Abbau der grossen und immer noch wachsenden Ungleichheiten in der Gesellschaft als Ganzes. Diese Aufgabe darf nicht allein den Bildungsinstitution zugeschoben werden, sondern gehört in das Feld der gesamtgesellschaftlichen Auseinandersetzungen.

Bauer, P./Riphan, R.T. (2006). Timing of school tracking as a determinant of intergenerational transmission of education. In: *Economics Letters*, 91(1), S. 90–97.

Baumann, H./Ringger, B. (2011). *Richtig steuern*. Zürich: edition 8.

Bourdieu, P./Passeron, J.-C. (1970). *La reproduction. Éléments pour une théorie du système d'enseignement*. Paris: Payot.

Breidenstein, G. (2020). Ungleiche Grundschulen und die meritokratische Fiktion im deutschen Schulsystem. In: *Zeitschrift für Grundschulforschung* (13), S. 295–307.

Bundesamt für Statistik (2023). *Soziale Herkunft der Studierenden der Hochschulen nach Hochschultyp*. https://www.bfs.admin.ch/bfs/de/home/statistiken/bildung-wissenschaft/bildungsindikatoren/themen/zugang-und-teilnahme/sozialeherkunft-hs.assetdetail.19305664.html.

D'Addio, A. C. (2007). *Intergenerational Transmission of Disadvantage: Mobility or Immobility across Generations? A Review of the Evidence for OECD Countries*. Paris: OECD.

Dlabac, O./Amrhein, A./Hug, F. (2021). *Durchmischung in städtischen Schulen – eine politische Aufgabe?* (Studienbericht 17). Zürich: Zentrum für Demokratie.

Felouzis, G./Charmillot, S. (2017). *Schulische Ungleichheit in der Schweiz* (Social Change in Switzerland N°8). Genf: Universität Genf.

Fend, H. (1981). *Theorie der Schule*. 2. Aufl., München u.a.: Urban & Schwarzenberg.

Gurny, R./Ringger, B. (2022). *Für alle und für alle Fälle*. Zürich: edition 8.

Lamprecht, M./Stamm, H. (1996). *Soziale Ungleichheit im Bildungswesen* (Statistik der Schweiz). Bern: Bundesamt für Statistik.

Neuenschwander, M. (2009). Systematisch benachteiligt? In: *Pädagogische Führung*, 2009(3), S. 132–135.

Schweizerische Koordinationsstelle für Bildungsforschung (2018). *Bildungsbericht 2018*. Aarau: Schweizerische Koordinationsstelle für Bildungsforschung.

Schweizerischer Wissenschaftsrat (2018). *Soziale Selektivität. Empfehlungen des Schweizerischen Wissenschaftsrates SWR* (3/2018; Politische Analysen). Bern: Schweizerischer Wissenschaftsrat.

Statista (2023). *Europäische Union: Ranking der Mitgliedsländer und Beitrittskandidaten nach Ungleichheit bei der Einkommensverteilung auf Basis des Gini-Index im Jahr 2022*. https://de.statista.com/statistik/daten/studie/942729/umfrage/ranking-der-eu-länder-nach-einkommensungleichheit-im-gini-index/.

Waldow, F. (2014). Von der Meritokratie zur Parentokratie? In: *Zeitschrift für Erziehungswissenschaften*, 17, S. 43–58.

Zürcher, M. (2023). *Fördern statt selektionieren* (18.1; Swiss Academies Communications). Schweizerische Akademie der Geistes- und Sozialwissenschaften. https://doi.org/10.5281/zenodo.7551627.

TEIL III

SCHLUSSGE-
DANKEN
ZU FREIHEIT UND
GLEICHHEIT

Fitzgerald Crain Kaufmann

In den verschiedenen Beiträgen dieses Buches wird die Vision einer schulischen Bildung skizziert, die mehr ist als eine bloss nützliche Vorbereitung auf das Arbeitsleben. So wichtig die Zielsetzung der Vorbereitung auf den Beruf auch ist, die Schule (in unserem Fall die Volksschule, auf deren Diskussion wir Autor:innen uns weitgehend konzentriert haben) hat einen umfassenderen Stellenwert in der Sozialisation junger Menschen. Dies ist jedoch nicht selbstverständlich. Man kann durchaus argumentieren, dass der Staat im Hinblick auf Werte und Normen neutral zu sein habe und dass auch die Schule sich neutral zu verhalten habe. Werte und Normen würden vor allem in der Familie vermittelt. Dafür sei die Schule nicht zuständig. Die Schule, so die Ansicht einer neoliberalen Bildungspolitik am Ende des 20. Jahrhunderts, habe die Schüler:innen für das Wirtschaftsleben vorzubereiten. «Employability» – Beschäftigungsfähigkeit der Schulabgänger:innen – sei ihre Aufgabe, nicht weniger, aber auch nicht mehr.

Die im Hinblick auf Ziele und Werte neutrale Position ist aus meiner Sicht jedoch eine Illusion. Zumindest implizit vermittelt die Schule fortwährend Werte und Ziele. Welche Fachbereiche und welche Fragestellungen sind wichtig, welche sind weniger bedeutsam und welche kommen in den Lehrplänen gar nicht vor? Welche Werte vermittelt die Schule mit ihrem Wettbewerbs- und Konkurrenzkonzept und was sagt das über die angestrebten Beziehungen zwischen den Menschen aus? Welche Bedeutung hat die Kooperation der Schüler:innen untereinander und was wird damit über den gesellschaftlichen Stellenwert von Solidarität, gemeinsamem Lernen und gemeinsamer Entwicklung ausgesagt? Wie wird die Schule geführt, auf partizipative und demokratische Weise oder direktiv und autoritär? Wie wird Leistung definiert, wie wird sie bewertet? Unablässig werden Botschaften, damit auch Werte und Ziele vermittelt.

Um Werte und Ziele geht es auch im Lehrplan 21. Dort heisst es, dass die Schüler:innen lernen sollen, was Demokratie und Menschenrechte sind. Sie sollen in ihrer Kompetenz, sich für Demokratie und Menschenrechte zu engagieren, gefördert werden. Sie sollen in ihrer Kritikfähigkeit unterstützt werden, sie sollen lernen, selbstständig zu arbeiten sowie Empathie und Teamfähigkeit zu entwickeln. Freiheit, Gleichheit und Mitmenschlichkeit werden als die drei wesentlichen Grundprinzipien der Demokratie explizit genannt. Was aber verstehe ich, wenn ich kritisch nachfrage, unter dem von uns so häufig verwendeten und oft vagen Begriff der Freiheit? Um welche Art von Freiheit geht es? Ein zweiter Aspekt ist die Gleichheit: Gleichheit als Wert, Gleichheit als Ziel. Was aber meinen wir, wenn wir von Gleichheit sprechen? Freiheit, Gleichheit und Mitmenschlichkeit sind die Werte der Aufklärung. Diese Werte enthalten ein Versprechen. Gleichzeitig müssen die Umstände untersucht werden, die dazu führen, dass dieses Versprechen allzu oft nicht eingelöst wird. Im Folgenden erläutere ich, was ich unter Freiheit und Gleichheit im Kontext von Bildung und Erziehung verstehe. Ich frage, warum Freiheit, Gleichheit und darum auch Mitmenschlichkeit gefährdet sind. Ich nehme jeweils auch Bezug auf den Text «Beziehungsraum Schule» sowie auf die Beiträge der vier Ko-Autor:innen Ruth Gurny, Karin Joachim, Luca Preite und Rebekka Sagelsdorff.

Freiheit und bedrohte Freiheit

«Liberal» sei ein «ehrwürdiges, angesehenes Etikett, das jeder mit Stolz tragen sollte», schreibt der 2010 verstorbene Historiker Tony Judt, einer der führenden linken Gesellschaftstheoretiker des ausgehenden 20. Jahrhunderts. Was aber zeichnet die liberale Position aus? «Liberale sind gegen jede Form von Bevormundung und Einmischung. Sie tolerieren andere Meinungen und unkonventionelles Verhalten. Der Mensch soll möglichst viel Freiraum haben, sein Leben nach eigenen Vorstellungen einzurichten» (Judt 2014: 13f.). Liberal sein heisst also, selbstbestimmt über Ziele und Werte des eigenen Lebens entscheiden zu können und anderen diese gleiche Entscheidungsmacht zuzugestehen. Die liberale Position ist wichtig. Sie hat zugleich ihre Schwäche. Ihre Schwäche ist, dass sie allzu individualistisch ist.

Am Beispiel der spielerischen Interaktion zwischen einer Mutter und ihrem kleinen Sohn zeichnete ich in meinem Beitrag «Beziehungsraum Schule» ein menschliches Verhältnis nach, in dem es nicht zuletzt um Freiheit geht. Es ist dies nun eine – im Gegensatz zur liberalen – *soziale* Freiheit (Honneth 2016), da die Mutter in diesem gelingenden «Tanz der Interaktionen» (Stern 1979) das Gefühl von Wirksamkeit, Selbsttätigkeit und damit von Freiheit erfährt, wobei sie *gleichzeitig* das Gefühl der Wirksamkeit und der Selbsttätigkeit des Kindes anerkennt und fördert. Diese Freiheitserfahrung ist nicht gelernt. Sie ist *als*

Möglichkeit in uns Menschen angelegt. Das ist die optimistische Aussage: Wir Menschen haben ein tief sitzendes Bedürfnis und eine Begabung zur sozialen Freiheit. Reicht es, von diesem angeborenen Freiheitspotenzial auszugehen?

Im einleitenden Abschnitt von «Beziehungsraum Schule» wies ich darauf hin, dass es mit der Freiheit so einfach nicht ist. Freiheit ist komplex, widersprüchlich und *grundsätzlich* gefährdet. Ich zitierte die feministische Psychoanalytikerin Jessica Benjamin, die betont, wir tendierten immer wieder dazu, unsere Bedürfnisse absolut zu setzen und den anderen das gleiche Recht auf Selbstbestimmtheit abzustreiten. Das zeigt sich nicht zuletzt in der Erziehung. «Grenzen setzen – aber wie?» ist ein allgegenwärtiges Thema in Familie und Schule. Der Begriff der Grenze impliziert dabei, dass es für Kinder und Jugendliche einen freien Raum der Entscheidung gibt, der von einer roten, von den Erzieher:innen definierten Linie begrenzt wird, die nicht überschritten werden darf. In meinem Verständnis ist der Raum zwischen Kind und Lehrperson jedoch *immer* ein zwischenmenschlicher und kommunikativer. Kinder (Jugendliche sind mitgemeint) setzen sich mit einer erwachsenen Person auseinander. Diese andere Person ist im idealen Fall ein selbstbestimmtes Subjekt, das dem Kind einen eigenen Willen entgegensetzt und das gleichzeitig dessen Willen anerkennt – auch wenn Mutter, Vater oder die Lehrperson mit dem Handeln des jungen Menschen nicht immer einverstanden sein mögen. Und umgekehrt gilt natürlich dasselbe. Kinder machen in der Schule im optimalen Fall die Erfahrung, dass sie auf ein Gegenüber – Lehrpersonen, auch andere Kinder, andere Jugendliche – treffen, das sich ihrer Fantasie *nicht* bedingungslos unterwirft. Im optimalen Fall erfährt der junge Mensch, dass er zwar selbstbestimmt handelt, ohne aber absolut frei und unabhängig von den anderen zu sein; dass er mit anderen verbunden ist, die ebenfalls frei sind und die seine *begrenzte Freiheit* ihrerseits anerkennen. Freiheit als soziales Verhältnis unter Gleichen, die zugleich individuell verschieden sind, ist dabei nie endgültig gegeben. Freiheit ist ein Versprechen, das nie endgültig eingelöst wird.

Für die Schule ist dies bedeutsam. Es bedeutet, dass Konflikte um Autonomie und Freiheit – oder Macht, Herrschaft und Kontrolle – aus der Schule nicht wegzudenken sind. Sie sind alltäglich. Sie gehören zum Mensch-Sein und sie sind für die Entwicklung junger Menschen ungemein wichtig. Manchmal werden Ansprüche – vonseiten der Schüler:innen an die Lehrpersonen und umgekehrt – offen und direkt vorgetragen. Sehr oft verstecken sie sich im Fall der Schüler:innen hinter «Verhaltensauffälligkeiten», hinter Aggression und provokativer Auflehnung oder hinter Desinteresse und Resignation. In unterschiedlichsten Verkleidungen prägt das Freiheitsthema den Unterricht. Die Gefahr, diese aus der Schule nicht wegzudenkende Freiheitsproblematik zu individualisieren und zu pathologisieren («der Schüler X hat eine individuelle Krankheit oder Abnormität»), mit Separation und Exklusion der Unangepassten oder mit den «alten» Formen von Autorität, die, so Karin Joachim (2025: 104) in ihrem Beitrag, «auf Statusgefälle, Disziplinierung und Kontrolle, auf unmittelbarem Gehorsam und auf Distanz beruht», zu reagieren, ist gross. In ihrem Beitrag weist Karin Joachim auf das Konzept der «Neuen Autorität» hin, das in der pädagogischen Praxis eine weitgehende Übereinstimmung mit der von mir vertretenen psychodynamischen Theorie zeigt. Es ist eine grosse Stärke des Konzepts der «Neuen Autorität», dass es unter anderem den Aspekt des *gemeinsamen* Vorgehens bei schulischen Konflikten ins Zentrum stellt. Der für den Unterricht so wichtige systemische Gesichtspunkt kommt in psychodynamischen Konzepten tendenziell zu kurz.

In einem seiner Hauptwerke behandelt Erich Fromm die Frage, wie es kommt, dass eine grosse Zahl von Menschen eine «Furcht vor der Freiheit» entwickelt (Fromm 1980). Fromms Buch erschien 1941. Im Hintergrund stand die damals drängende Frage, warum so viele Menschen in den faschistischen und autoritär-diktatorisch regierten Ländern Europas dazu neigten, sich autoritären Führern und Ideologien zu unterwerfen.[42] Um das zu verstehen, müssen wir, so Fromm, das «Doppelgesicht» der Freiheit beachten. Wir streben nicht nur danach, frei zu sein, wir sind nicht nur zur Freiheit begabt. Das ist nur die eine Seite des Doppelgesichts. Je freier wir sind, umso isolierter können wir uns fühlen, umso grösser kann der Zweifel werden, umso unerträglicher wird unter Umständen das Gefühl, unbedeutend, einsam und ohnmächtig zu sein. Freiheit ist schwer auszuhalten. Freiheit ist eine Herausforderung und sie kann unter Umständen – unter individuellen oder auch unter gesellschaftlichen Bedingungen – eine Überforderung darstellen, weshalb wir auch vor der Freiheit flüchten können und uns einer autoritären Führung unterwerfen wollen. Das ist heute ein erneut sehr aktuelles gesellschaftliches Problem. Die Kritische Theorie der Frankfurter Schule,[43] der auch Fromm angehört hat, setzte sich von allem Anfang an sowohl mit dem Versprechen der Freiheit als auch mit den gebrochenen Freiheitsversprechen und den daraus folgenden Enttäuschungen und Ängsten auseinander. «In einer radikalen Desillusionierung des optimistischen Fortschrittsbewusstseins gilt ihr [der

---

42 Fromm konstatierte allerdings autoritäre Neigungen auch in den USA, in denen er damals nach seiner Emigration lebte und forschte. Er stellte fest, dass sich viele Menschen kritiklos der herrschenden öffentlichen Meinung unterwarfen.
43 Der Begriff Kritische Theorie bezieht sich auf die Arbeiten am Institut für Sozialforschung in Frankfurt am Main. Das Institut wurde 1923 gegründet. Erich Fromm war ein früher Mitarbeiter des Instituts –, bis er in den 1930er-Jahren austrat. Führende Mitglieder der Frankfurter Schule waren Max Horkheimer, Theodor W. Adorno und Herbert Marcuse. In neuerer Zeit stehen unter anderen die in «Beziehungsraum Schule» erwähnten Axel Honneth, Jessica Benjamin und Hartmut Rosa in dieser Tradition.

Kritischen Theorie; FCK] das Projekt der modernen Freiheit von Anbeginn als dialektisch strukturiert, so dass es im historischen Verlauf zu Pathologien und Bedrohungen kommt», schreiben Amlinger und Nachtwey (2022: 44). Freiheit ist grundsätzlich nie gesichert – nicht zuletzt, weil Freiheit ja kein individueller Besitz ist, sondern ein sich fortwährend wandelndes Verhältnis zwischen Menschen. Freiheit ist *grundsätzlich*, dies ist die Kernaussage, die im Begriff des «Doppelgesichts» steckt, von der Regression bedroht. Die Bedrohung der Freiheit ist immer schon in der Freiheit selbst enthalten.

Das «Doppelgesicht» kennzeichnet auch die Demokratie, die wir uns als eine Form vorstellen können, in der die individuelle Freiheit der Mitglieder der Gesellschaft organisiert, garantiert, partiell auch eingeschränkt oder gar verweigert wird. Demokratie ist nicht nur eine Staatsform, in der Stimmbürger:innen wählen und abstimmen. Sie ist nicht nur die Manifestation eines Mehrheitswillens. Im Zentrum steht neben der Freiheit immer auch das Gemeinwohl, und dieses impliziert auch «das Wohl der Minderheiten und der im demokratischen Wettbewerb Unterlegenen» (Rosa 2019: 162). Wenn ich nun mit Hartmut Rosa (ebd.: 163) den Beziehungsaspekt ins Zentrum stelle, heisst das: Das Gemeinwohl ist dort verwirklicht, wo es einem politischen Gemeinwesen – oder einer Schule, die eine demokratische Schule sein will – gelingt, durch demokratische Mitsprache und Mitgestaltung zu einer Transformation aller Beteiligten zu gelangen. Im optimalen Fall entwickeln die Mitglieder der Gesellschaft – oder eben der Schule – ein Gefühl zunehmender Wirksamkeit und Verbundenheit mit anderen und mit den politischen Projekten und Institutionen. Im optimalen Fall verändern sich damit auch die Institutionen und politischen Praktiken selbst. Gute Bildung hat also einen dialogischen und partizipativen Aspekt: «Demokratiekunde» darf deshalb nicht blosses Unterrichtsfach sein. Die Demokratie als Form eines gelebten gesellschaftlichen Miteinanders muss vielmehr in den Institutionen der Bildung selber erfahrbar werden (Crain/Daellenbach 2019: 68).

Die – hier ideal gedachte – Idee von Demokratie wird heute weltweit infrage gestellt. Viele Menschen wollen sich offenbar einer autoritären Führung bzw. einer entsprechenden Ideologie unterwerfen. Aber die Demokratie ist auch bedroht, wenn die Freiheit – wie es beim Neoliberalismus der Fall ist – tendenziell in einem allzu individualistischen Sinn gedacht und praktiziert wird.

Die Geschichte des Kapitalismus kann als eine Geschichte verschiedener Freiheitskonzepte beschrieben werden. Der politische Philosoph Michael Sandel hat den Gegensatz zwischen einem liberalen und einem republikanischen Freiheitskonzept von den Anfängen der US-amerikanischen Nation am Ende des 18. Jahrhunderts bis heute herausgearbeitet. Um 1800 dominierte das republikanische Ideal einer Gesellschaft, in der die Bürger frei sind, wobei sie zugleich gemeinsam über das Gemeinwohl beraten und durch die gemeinsam erarbeiteten Beschlüsse dazu beitragen, die politische Gemeinschaft zu gestalten (Sandel 2022: 31).[44] Der Liberalismus kam in den USA später auf. Liberal-individualistische Freiheitskonzepte dominierten in der Folge das politische Leben, wobei der republikanische Gedanke bis weit ins 20. Jahrhundert hinein nie ganz verloren ging. Der Neoliberalismus, der von den 1980er-Jahren an seinen globalen Siegeszug begann, distanzierte sich jedoch vom Gedanken des Gemeinwohls. Der liberale Gedanke der Eigenverantwortung wurde verabsolutiert.[45]

---

44 «Republikanisch» bezieht sich auf Res Publica, die «öffentlichen Angelegenheiten», nicht auf die Politik der republikanischen Partei heute.

45 Die Covid-Pandemie hat eine zugespitzte Form von individualistischer Freiheitsmanifestation sichtbar gemacht, die Amlinger und Nachtwey (2022) als «libertären Autoritarismus» bezeichnen. In einer empirischen Untersuchung kommen sie zum Schluss, dass viele der von ihnen befragten Menschen, die in Deutschland AfD wählen oder sich – wie auch in der Schweiz – als

Das liberale Selbstbild, frei und autonom zu sein, und die Organisation des modernen Sozial- und Wirtschaftslebens stehen jedoch «in scharfem Gegensatz zueinander» (ebd.: 146). Es besteht ein weitverbreitetes Gefühl vieler Menschen, dass sie in einer globalisierten und ökonomisierten Welt die Kontrolle über ihr Leben verloren haben.

Freiheit als liberale Freiheit stellt die Selbstbestimmung ins Zentrum. Freiheit als republikanische Freiheit verbindet die Selbstbestimmung mit dem Gemeinwohl. Das Konzept der *sozialen* Freiheit geht einen Schritt weiter und versteht die individuelle Freiheit als Voraussetzung für die Freiheit der anderen. Sowohl das liberalrepublikanische als auch soziale Freiheitskonzept liegen einem idealen Verständnis von Bildung zugrunde, wie es in «Beziehungsraum Schule» skizziert wird.

Gleichheit und bedrohte Gleichheit

Ich verstehe «Gleichheit» keineswegs im Sinne eines Verständnisses von «alle sind gleich» oder der Forderung «alle sind gleich zu behandeln». Ich gehe im Gegenteil von der grossen Vielfalt der menschlichen Charaktere, Verhaltensweisen, Einstellungen, Absichten und Bedürfnisse aus. Das Wissen um diese Vielfalt und Unterschiedlichkeit ist im modernen, auch pädagogisch relevanten Begriff der «Diversity» enthalten. So unterschiedlich wir Menschen nun denken und handeln, in einem Punkt sind wir alle gleich: Wir alle sind Menschen. Das tönt schrecklich

---

Gegner:innen der staatlichen Massnahmen im Gefolge von Covid 19 zu erkennen geben, nach einer Form von absoluter Freiheit streben. Basierend auf einem tief sitzenden Empfinden von Kontrollverlust, Kränkung und Ohnmacht wird die individuelle Freiheit tendenziell als eine Art individueller Besitz betrachtet. Es ist eine ausschliesslich negative Freiheit, das heisst ein Frei-Sein von staatlicher Einschränkung; es ist eine Freiheit, die gesellschaftliche Beziehungen und Abhängigkeiten negiert. «Libertär autoritäre» Menschen sind Gegenargumenten nicht zugänglich. Die eigene Meinung wird auf «autoritäre» Weise absolut gesetzt.

banal, aber es ist eine Erkenntnis, die uns in der Praxis des Alltags – und auch im schulischen Alltag – immer wieder abhandenkommt. Im 2. Kapitel von «Beziehungsraum Schule» habe ich darauf hingewiesen, wie wichtig die «reflexive Kompetenz» sowohl bei den Schüler:innen als auch bei den Lehrpersonen ist. Der Begriff «reflexive Kompetenz» meint die Fähigkeit, sich der eigenen Intentionen und Affekte bewusst zu sein und sich *zugleich* empathisch in andere Menschen mit vielleicht ganz *anderen* Bedürfnissen, Intentionen und Affekten hineinzuversetzen. Diese «fremden» Intentionen und Affekte sind unter Umständen schwer zu verstehen. Einfühlung in das Fremde *kann* nur in begrenztem Umfang gelingen. Reflexive Fähigkeiten sind nicht angeboren. Sie werden vom Kind in den vielfältigen Interaktionen mit der mitmenschlichen Umwelt gelernt – oder sie werden auch *nicht* gelernt. Reflexive Kompetenz kann auch verloren gehen, zeitlich begrenzt in Folge einer sehr belastenden Situation, durch akuten Stress oder – nach traumatischen, z. B. kriegerischen Erlebnissen – für lange Zeit.

Wie manifestiert sich der Wert der Gleichheit in der Schule? Zum Beispiel in der Idee der Chancengleichheit. Chancengleichheit ist eines der Zauberworte moderner Bildungspolitik. Aber was ist darunter zu verstehen? Ich unterscheide zwei unterschiedliche Formen von Chancengleichheit. Chancengleichheit heisst in meinem Verständnis erstens, dass jeder Mensch die Chance bekommt, sich für ein eigenes, individuelles und zugleich auf andere bezogenes Leben in Würde, Sicherheit und Freiheit entscheiden zu können. Das bedeutet, dass jedes Kind in der Schule sein eigenes Potenzial entwickeln kann und dass es in seiner ganz individuell-persönlichen Entwicklung gefördert wird. Konkret bedeutet es, dass das Kind in erster Linie an seinen *eigenen* Möglichkeiten gemessen wird und nicht oder zumindest viel weniger an einer Norm; nicht oder zumindest viel weniger durch den (gemessenen, z. B. benoteten) Vergleich mit den anderen Schüler:innen.

Die Schule, die das Ideal der Aufklärung und damit das Ideal der Gleichheit verfolgt, ist im Weiteren – dies macht der Beitrag von Rebekka Sagelsdorff (2025) deutlich – eine inklusive Schule. Es ist eine «Schule für alle» Es ist in meinem Verständnis eine Schule ohne Selektion während der Volksschulzeit, eine Schule also ohne Leistungszüge auf der Stufe I der Sekundarschule.[46] Das heisst nicht, dass es nicht unter Umständen Niveaukurse gibt, dass nicht auch leistungsstarke Kinder gefördert werden oder dass es keinerlei Separation geben soll. Entscheidend ist der Grundgedanke: dass die Volksschule eine Schule sein soll, in der Menschen mit unterschiedlichen Begabungen, mit unterschiedlicher Herkunft und unterschiedlichen Interessen zusammen lernen und dieses gemeinsame Lernen als einen zentralen Wert erfahren. Die heutige Bildungspolitik ist nun erstens durch ein ganz anderes – ein meritokratisches – Konzept von Chancengleichheit, zweitens durch eine starke Rückwärtsbewegung hin zu schulischer Separation und drittens durch eine ausgeprägte Tendenz zur Individualisierung und Pathologisierung gekennzeichnet.

Zum ersten Punkt: Worin unterscheidet sich die meritokratisch verstandene Chancengleichheit von der oben erwähnten? Der meritokratischen Chancengleichheit liegt die Annahme zugrunde, dass in einer demokratischen Gesellschaft alle Menschen die gleichen Entwicklungschancen besitzen. Alle starten wir am gleichen Ausgangspunkt, alle gehen wir selbstbestimmt unseren

---

[46] In den zwölf Bildungsthesen der Sozialdemokratischen Partei von 2001 heisst es beispielsweise: «Die Sekundarstufe I (Oberstufe) als Scharnier zwischen Primarschule und höherer Bildung/Berufsbildung ist landesweit als integral-fördernde statt selektierende Orientierungsstufe zu konzipieren.» Und auch in den ergänzenden «Bildungsthesen der SP Schweiz: Für einen chancenreichen Start ins Leben!» von 2008 heisst es, das Ziel sei ein Schulsystem «ohne Selektion in Leistungszweige bis zum Ende der Schulpflicht». – Interessierte können von den Bildungsthesen 2001 eine Kopie beim Autor bekommen.

Weg und realisieren unsere Ziele gemäss unseren eigenen Leistungen, unserem eigenen Willen und unseren eigenen Anstrengungen. In dieser meritokratischen Idee manifestiert sich, so Ruth Gurny, «der Anspruch der Schule, ein Ort universalistischer Werte zu sein, wo Stand und Klasse keine Rolle spielen» (Gurny 2025: 162) Das Motto der Leistungsgesellschaft lässt sich mit Michael Sandel auch folgendermassen ausdrücken: «Wenn die Chancen gleich sind, haben die Sieger ihre Gewinne verdient» (Sandel 2022: 418.) Aber die Chancen sind nicht wirklich gleich, wie unzählige sozialwissenschaftliche Untersuchungen belegen. Die Startbedingungen für Kinder sind in hohem Mass abhängig unter anderem vom Einkommen, der sozialen Herkunft und vom Bildungshintergrund der Herkunftsfamilie (vgl. u.a. Judt 2014; Sandel 2022).

Die Schule reproduziert nun als scheinbarer «Ort der universalistischen Werte» diese gesellschaftliche Ungleichheit, indem sie sortiert, zuweist, Noten gibt, unter Umständen flächendeckende Leistungstests durchführen lässt, die Kinder und ihre Angehörigen berät und Übertrittsempfehlungen abgibt. Dass die Schule die ungleichen gesellschaftlichen Verhältnisse reproduziert, gilt allgemein für alle nationalen Bildungssysteme, trifft aber auf das schweizerische besonders zu, wie Ruth Gurny, Rebekka Sagelsdorff und Luca Preite in ihren Beiträgen belegen. In keinem OECD-Land wirkt sich die Zusammensetzung der Schule nach sozialer und sprachlicher Herkunft so stark auf die Schulleistungen der einzelnen Schüler:innen aus wie in der Schweiz. Warum ist das so? Das schweizerische Bildungssystem zeichnet sich durch hohe soziale Selektivität aus. Hohe Selektivität beinhaltet nicht zuletzt frühe Selektion. Je früher jedoch die Selektion durchgeführt wird, umso stärker wirkt sich die soziale Herkunft auf die Bildungsmöglichkeiten aus. Gleichzeitig ist dieses meritokratische Bildungsideal, so Ruth Gurny, eine «Art Tarnung für die Realität der sozialen Ungleichheit» (Gurny 2025: 166) Eine wesentliche Funktion der Schule besteht darin, «Privilegien der sozialen Herkunft in Eigenleistungen umzudeuten und damit zu legitimieren» (ebd.).

Der Hinweis auf die grosse Durchlässigkeit unseres dualen Bildungssystems verschleiert die Tatsache, dass die weiterführenden Bildungs-, Berufs- und Erwerbsmöglichkeiten begrenzt sind. Nicht alle haben die Möglichkeit dazu, nicht alle kommen weiter. Das «Gerede vom Aufstieg» (Sandel 2022: 421) – das Schlagwort, dass jeder so weit aufsteigen könne, wie seine Anstrengungen und Begabungen ihn tragen – trägt dazu bei, dass die Ungleichheit im Hinblick auf die Lebenschancen nicht infrage gestellt wird. Die meritokratische Bildungsidee macht die Bedingungen der sozialen Ungleichheiten und Ungerechtigkeiten – die «schwierigen Verhältnisse», so Luca Preite (2025: 156) – unsichtbar. Sie produziert Sieger, die der Überzeugung sind, dass ihr Erfolg allein auf ihre Anstrengung zurückzuführen sei. Wer sich aber nicht erfolgreich weiterbilden kann, ist, so die neoliberale Logik, dafür selbst verantwortlich. Die Folge sind oft tief sitzende Versagensgefühle und Ressentiments derjenigen, die den sozialen Aufstieg nicht geschafft haben.

Zweitens: Das Ideal der Gleichheit ist im Weiteren durch eine weltweit zu beobachtende Tendenz zu Ausschluss und Separation gefährdet (Bauman 2005). Als 1989 die Berliner Mauer fiel, gab es weltweit 16 nationale Grenzzäune. Um 2019 herum waren 65 Grenzmauern und Grenzzäune fertiggestellt oder im Bau (Krasev/Holmes 2022: 9). Die Angst vor dem Fremden, den «anderen», manifestiert sich in einer Entwicklung, die konträr zur Idee der Globalisierung verläuft – einer Globalisierung, die Ende der 1980er-Jahre weltweite Durchlässigkeit und Verbundenheit unter dem Dach einer liberalen Demokratie versprach. In Wirklichkeit haben vier Jahrzehnte neoliberaler Politik und Wirtschaft die Ungleichheit massiv verstärkt. Reiche und Arme rückten und rücken immer stärker auseinander, womit das Gefühl für ein gemeinsam geteiltes Schicksal schwindet (Sandel 2022; vgl. auch Reckwitz 2020). Ein hohes Mass an Ungleichheit aber wirkt, so Tony Judt (2014: 27), «zersetzend»: Es zersetzt eine Gesellschaft von innen heraus. Separative Tendenzen beobachten wir ebenfalls in der heutigen Schule, wie auch der Beitrag von Rebekka Sagelsdorff belegt. War die integrative Schule lange ein emanzipatorisches Fortschrittsprojekt, so stellen wir heute in der Schweiz tendenziell eine Rückwärtsbewegung fest. Die integrative Schule sei gescheitert, heisst es oft. Separative Formen von Unterricht werden gefordert. Die Nachfrage nach Privatschulen und privatem Nachhilfeunterricht ist gross.

Drittens: Parallel dazu nehmen auch individualisierende und pathologisierende Diagnosen zu. Schüler:innen werden wegen Verhaltensproblemen oder irgendwelcher kognitiver oder sozialer Beeinträchtigungen «krank» geschrieben. Sie *haben* ein ADHS oder sie *haben* eine Autismus-Spektrum-Störung und werden in der Folge individuell von heilpädagogischen Fachpersonen und Assistenzpersonen behandelt. Dazu werden sie häufig aus dem Klassenverband herausgenommen, das heisst punktuell separiert. Diagnosen wie das ADHS oder die Autismus-Spektrum-Störung sollten aber primär systemische Arbeitshypothesen sein. «Systemisch» heisst, dass Verhaltensprobleme immer auch als Ausdruck schwieriger *Verhältnisse* zu sehen sind, nicht nur als Ausdruck einer im Kind angelegten Störung. Individualisierende Diagnosen dienen jedoch oft dazu, ein unverständliches, verunsicherndes oder gar angsterregendes Verhalten emotional und kognitiv zu distanzieren.

Schluss

Der Beziehungsaspekt steht im Zentrum dieses Buches. Es kommt grundlegend darauf an, *wie* unterrichtet wird. Gute Lehrer:innen mit ihren mitmenschlichen Qualitäten, ihren sozialen und emotionalen, ihren selbstreflexiven Begabungen und Fähigkeiten und ihrem fachlichen Wissen sind von grosser Bedeutung. Im Beitrag «Beziehungsraum Schule» wurden verschiedene Facetten eines guten Unterrichts aus psychologischer Perspektive beschrieben. Aber der Hinweis auf die gute Lehrerin und den guten Lehrer ist unzureichend. Die Schule ist heute viel stärker, als dies früher der Fall war, ein kollektives Unternehmen. Verschiedene Lehr- und Fachpersonen sind für eine Klasse verantwortlich. Die Qualität ihrer Zusammenarbeit ist entscheidend. Die Schule als Ganzes muss in ihrer Komplexität gesehen werden. Gute Schulen zeichnen sich nicht zuletzt durch ihren Zusammenhalt, die Mitsprachemöglichkeiten des Kollegiums und die gemeinsam wahrgenommene Verantwortung für die Kinder und Jugendlichen aus.[47]

Aber die Wirksamkeit des Unterrichts ist, wie die bildungssoziologischen Beiträge belegen, begrenzt. Mag eine Lehrperson noch so lebendig unterrichten und mag sie sich noch so sehr für ihre Schule engagieren, der Lernerfolg der Schüler:innen wird durch strukturelle, durch (bildungs-)politische Faktoren stark beeinflusst. Ein guter Unterricht vermag die Nachteile einer frühen Selektion nur bedingt zu kompensieren. Die Zuteilung zum tiefsten Leistungszug in der Sekundarschule (im Falle einer «geteilten Sekundarschule») hat strukturell bedingt

---

[47] Vgl. die ausgezeichnete, meiner Ansicht nach immer noch aktuelle Untersuchung von Rutter et al. (1980), wobei zwölf Sekundarschulen in London empirisch untersucht wurden.

Stigmatisierung und das Gefühl von fehlender Zukunftsperspektive aufseiten der betroffenen Schüler:innen zur Folge. Das sind Nachteile, die auch ein guter Unterricht nicht wirklich beheben kann. Es sind nicht primär die Lehrpersonen dafür verantwortlich, dass Kinder aus einkommensschwachen Familien und mit Migrationshintergrund in der Schweiz stark benachteiligt sind und dass der soziale Hintergrund der Kinder mehr als in anderen OECD-Ländern über die Bildungschancen entscheidet.

Die Schule ist keine Insel. Sie ist Teil der Gesellschaft, die der Schule den Rahmen vorgibt, in dem der Unterricht stattfindet. Die Zeiten sind heute – in den 2020er-Jahren – besonders schwierig. Die Covid-Pandemie liegt hinter uns, andere und noch schwerere Pandemien könnten uns bevorstehen. Wir wissen um die Klimaerwärmung und den Verlust an Biodiversität und ahnen, was auf uns Menschen bereits in naher Zukunft zukommen könnte. Weltweit werden grausame Kriege geführt. Freiheit – liberale Freiheit, geschweige denn soziale Freiheit – erträgt starke Gefühle der Verunsicherung, der Angst nicht. Sie erträgt den Krieg nicht. Damit ist auch die Demokratie im Kern bedroht. Der Wert der Gleichheit bleibt unter diesen Umständen auf der Strecke. Anderen Menschen wird das Mensch-Sein unter Umständen abgesprochen.

So wichtig eine gute Bildung auch ist, die Schule rettet die Welt nicht. Die Welt in ihrer aktuellen Befindlichkeit dringt vielmehr störend und verunsichernd in die Schule ein. Die Schule sollte unter diesen Umständen, so gut sie dies kann, ein Ort für die Kinder und auch für die Lehrpersonen sein, der so sicher ist, wie es unter den gegebenen Umständen möglich ist. Die Schule muss eine Art *Containment* sein, das heisst eine Art schützendes Gefäss, das die Angst der Kinder in sich aufnimmt, sie mit ihnen teilt, sie bespricht, ihr damit einen Namen und eine Form gibt und sie so erträglicher macht.

Schlussgedanken zu Freiheit und Gleichheit

Wir leben nicht in einer Zeit der grossen Würfe, der Visionen, der «bewegenden» Utopien – obwohl dies gerade jetzt dringend nötig wäre. Ich wünsche mir eine andere Schule, die Werten einer liberalen und sozialen Freiheit, dem Wert der Gleichheit im Sinne von Gleichwertigkeit und dem Ziel der Gleichheit von Lebenschancen Raum gibt. Das würde allerdings, wenn diese Forderung nicht unverbindlich sein soll, strukturelle Konsequenzen nach sich ziehen. Es müsste das Ziel der Bildungspolitik sein, sich grundlegend mit solchen Fragen zu befassen. Die Bildungspolitik war in den 1960er-, 1970er- und 1980er-Jahren eine «Kernkompetenz» der Linken. Bildungspolitik ist heute, so scheint mir, kein Kernanliegen linker Parteipolitik mehr.

Der Begriff «Utopie» bezeichnet einen gesellschaftlichen Zustand, der nie erreicht werden kann. Eine utopische Gesellschaft hat – das steckt im aus dem Griechischen stammenden Begriff – «keinen Ort». Das ist auch richtig so, denn eine vollendete Utopie (was zudem ein Widerspruch in sich ist) wäre eine totalitäre Gesellschaft. Aber eine Utopie – hier im Sinne einer «bewegenden» Utopie[48] verstanden – ist nicht einfach eine Illusion. Wenn in diesem Buch die Vision einer anderen Schule skizziert wurde, so sollte zugleich deutlich geworden sein, dass Elemente dieser anderen Schule in der *heutigen* Schule, im heutigen Unterricht immer wieder praktiziert werden. Zumindest *punktuell* haben sie einen «Ort».

Die Schule darf nicht blosse Erfüllungsgehilfin einer konkurrenzorientierten Leistungsgesellschaft sein. Sie muss auch nicht ein blosses Abbild einer verunsicherten Gesellschaft sein, die den verschiedenen Herausforderungen oft ohnmächtig und resigniert gegenübersteht, welche die

---

48 Den Begriff der «bewegenden Utopie» habe ich vom 2019 verstorbenen deutschen Sozialdemokraten und Politiker Erhard Eppler entlehnt, der sich in mehreren Büchern für eine friedliche und mitmenschliche Welt eingesetzt hat.

Ursachen der Krisen oft verdrängt, die kaum mehr Visionen zulässt und von Utopien nichts wissen will. Die Schule verfügt über einen Möglichkeitsraum, wie er in den Texten dieses Buchs umschrieben wird. Mit unseren Texten möchten wir dazu auffordern, diese Möglichkeits- und Spielräume zu verteidigen, sie zu nutzen und wenn immer möglich zu erweitern.

Amlinger, C./Nachtwey, O. (2022). *Gekränkte Freiheit: Aspekte des libertären Autoritarismus*. 2. Aufl., Berlin: Suhrkamp.

Bauman, Z. (2005). *Verworfenes Leben: Die Ausgegrenzten der Moderne*. Hamburg: Hamburger Edition.

Benjamin, J. (2004). *Die Fesseln der Liebe: Psychoanalyse, Feminismus und das Problem der Macht*. 3. Aufl., Frankfurt a. M.: Stroemfeld/Nexus.

Crain, F./Daellenbach, R. (2019). Was für eine Bildung braucht die Deokratie? In: Daellenbach, R./Ringger, B./Zwicky, P. (Hrsg.). *Reclaim Democracy: Die Demokratie stärken und weiterentwickeln*. Zürich: edition 8, S. 66–72.

Eppler, E. (1983). *Die tödliche Utopie der Sicherheit*. Reinbek bei Hamburg: Rowohlt.

Fromm, E. (1980). Die Furcht vor der Freiheit [1941]. In: Fromm, E. *Gesamtausgabe*, Bd. 1. Stuttgart: Deutsche Verlags-Anstalt, S. 215–392.

Gurny, R. (2025). Trotz meritokratischem Narrativ: Schweizer Bildungssystem reproduziert soziale Ungleichheiten. In: Crain, F. (Hrsg.). *Beziehungsraum Schule: Bildung zwischen Freiheit und Kontrolle*. Zürich: Edition 8, S. 161–173.

Honneth, A. (2016). *Die Idee des Sozialismus: Versuch einer Aktualisierung*. 3. Aufl., Berlin: Suhrkamp.

Joachim, K. (2025). Der Ansatz der Neuen Autorität und die Schule als Ort der Begegnung. In: Crain, F. (Hrsg.). *Beziehungsraum Schule: Bildung zwischen Freiheit und Kontrolle*. Zürich: Edition 8, S. 101–122.

Judt, T. (2014). *Dem Land geht es schlecht: Ein Traktat über unsere Unzufriedenheit*. Frankfurt a. M.: Fischer.

Krastev, I./Holmes, S. (2022). *Das Licht, das erlosch: Eine Abrechnung.* 2. Aufl., Berlin: Ullstein.

Preite, L. (2025). Individualisierung struktureller Benachteiligung am Beispiel der Berufsbildung. In: Crain, F. (Hrsg.). *Beziehungsraum Schule: Bildung zwischen Freiheit und Kontrolle.* Zürich: Edition 8, S. 139–159.

Reckwitz, A. (2020). *Das Ende der Illusionen: Politik, Ökonomie und Kultur in der Spätmoderne.* 7. Aufl., Berlin: Suhrkamp.

Rosa, H. (2019). Demokratie und Gemeinwohl: Versuch einer resonanztheoretischen Neubestimmung. In: Ketterer, H./Becker, K. (Hrsg.). *Was stimmt nicht mit der Demokratie? Eine Debatte mit Klaus Dörre, Nancy Fraser, Stephan Lessenich und Hartmut Rosa.* Berlin: Suhrkamp, S. 160–188.

Rutter M./Maughan, B./Mortimore, P./Ouston, J. (1980). *Fünfzehntausend Stunden: Schulen und ihre Wirkung auf die Kinder.* Weinheim/Basel: Beltz.

Sagelsdorff, R. (2025). Widersprüche und Spannungsfelder der integrativen Schule in einem selektiven Bildungssystem. Überlegungen aus soziologischer Perspektive. In: Crain, F. (Hrsg.). *Beziehungsraum Schule: Bildung zwischen Freiheit und Kontrolle.* Zürich: Edition 8, S. 123–138.

Sandel, M. J. (2022). *Das Unbehagen in der Demokratie: Was die ungezügelten Märkte aus unserer Gesellschaft gemacht haben.* Frankfurt a. M.: Fischer.

Stern, D. (1979). *Mutter und Kind, die erste Beziehung.* Stuttgart: Klett-Cotta.

ANHANG

Anhang

Dank des Herausgebers

Ich danke in erster Linie den Mitautor:innen Ruth Gurny, Karin Joachim, Luca Preite und Rebekka Sagelsdorff für ihre Bereitschaft, den Text «Beziehungsraum Schule» mit einem eigenen Beitrag zu ergänzen und anzureichern.

Ich danke im Weiteren meinem Sohn Manuel Crain und meinem Freund Hans Wäber für das sorgsame und wiederholte Durcharbeiten des Manuskripts, ihre kritischen Einwände und konstruktiven Vorschläge.

Meiner Frau Soshya Kaufmann Crain (ehemalige Lehrerin, Heilpädagogin, Schulleiterin und Leiterin der Fachstelle für Förderung und Integration in Basel) danke ich für das sorgfältige Durchsehen der Texte. Von ihren schulischen Praxiserfahrungen ist viel in den Text «Beziehungsraum Schule» eingeflossen.

Das Manuskript kritisch durchgesehen haben im Weiteren Noemi Crain Merz, Ramona Crain Zimmerli, Roland Finck, Lena Froidevaux, Martina Meier, Gerhard Schaffner, Willi Schneider. Auch ihnen gilt mein Dank.

Mein Dank richtet sich nicht zuletzt an Georg Geiger, Maxa Goop, Kaspar Lüthi, Steffi Lüthi, Rebekka Sagelsdorff, Robert Schneider, Gus Simons, Linda Stibler und Marianne Wildberger von der Denknetz-Fachgruppe Bildung, mit denen ich mich über den Text «Beziehungsraum Schule» austauschen konnte.

Ich danke insbesondere der Gründerin der Fachgruppe, der 2024 verstorbenen Linda Stibler. Ihr ist das Buch gewidmet.

Meinem Enkel Andres Christ bin ich dafür dankbar, dass er das Buchprojekt angestossen hat.

Nadja Mosimann, Geschäftsleiterin des Denknetz, und Simon Rutz, ehemaliger Assistent der Geschäftsleitung des Denknetz, unterstützten und begleiteten den

Prozess der Publikation. Stephan Lahrem sah den Text durch. Madeleine Stahel war für das Layout verantwortlich. Ihnen allen bin ich zu grossem Dank verpflichtet.

Angaben zu den Autor:innen

Fitzgerald Crain Kaufmann, Dr. phil. Studium der Psychologie, Geschichte und politischen Philosophie in Zürich und Basel. Langjähriger Dozent am Institut für Spezielle Pädagogik und Psychologie der Universität Basel und ehemaliger Professor an der Pädagogischen Fachhochschule der Fachhochschule Nordwestschweiz (FHNW). Erziehungsberater in Kinder- und Schulheimen. Mitglied der Fachgruppe Bildung im Denknetz.

Ruth Gurny, Dr. phil., ehemalige Professorin für Soziologie und Sozialpolitik am Departement Soziale Arbeit der Zürcher Hochschule für Angewandte Wissenschaften (ZHAW). Ehemalige Präsidentin des Denknetz. Mitglied der Fachgruppe Sozialpolitik im Denknetz.

Karin Joachim, Studium der Germanistik und Romanistik an den Universitäten Basel und Aix-en-Provence, langjährige Tätigkeit als Gymnasiallehrerin. Danach MAS in Organisationsentwicklung an der Pädagogischen Hochschule der FHNW und diverse Weiterbildungen im Bereich Konfliktmanagement und Mediation. Heute als Dozentin für Schul- und Organisationsentwicklung und als Beraterin für Systementwicklung an der Pädagogischen Hochschule (PH) Bern tätig. Angebotsverantwortliche für den Bereich Kultur, Entwicklung und Innovation am Zentrum Schulführung und Schulentwicklung der PHBern.

Luca Preite, Dr. phil., Dozent für Erziehungswissenschaften an der Pädagogischen Hochschule FHNW mit Schwerpunkt Jugend und Ungleichheit. Studium der Soziologie und Geschichte und Doktorat in Bildungswissenschaften an der Universität Basel. Langjährige Tätigkeit als Instrumentallehrperson für Gitarre an der Musikschule Möhlin.

Rebekka Sagelsdorff, Dr. phil., Dozentin für Bildungssoziologie an der Pädagogischen Hochschule FHNW und Berufsfachschullehrerin für allgemeinbildenden Unterricht in Basel. Rebekka Sagelsdorff studierte Soziologie, Gender Studies und Ethnologie und schrieb ihre Dissertation zu sozialer Ungleichheit in der beruflichen Grundbildung. Zu ihren thematischen Schwerpunkten gehören Bildungsungleichheit und Chancengerechtigkeit, institutionelle Differenzierung in der Schule sowie die Berufsbildung. Mitglied der Fachgruppe Bildung im Denknetz.

«Beziehungsraum Schule» wird herausgegeben von Denknetz/Réseau de Réflexion.
Redaktion: Fitzgerald Crain
Namentlich gekennzeichnete Beiträge geben die Meinung des:der Verfasser:in wieder, nicht unbedingt die der Herausgeberschaft und der Redaktion.
Copyright: Das Denknetz-Jahrbuch steht unter der Creative Commons-Lizenz CC BY-NCND und darf unter folgenden Bedingungen vervielfältigt und verbreitet werden: Namensnennung, keine kommerzielle Nutzung, keine Bearbeitung.
Produktion: Nadja Mosimann
Gestaltung/Satz: Madeleine Stahel Visuelle Gestaltung, Zürich
Korrektorat: TEXT-ARBEIT, Berlin/ Stephan Lahrem
Druck und Bindung: Beltz
Am Fliegerhorst 8
D-99947 Bad Langensalza
info-bgb@beltz.de

Anschrift: Denknetz, Postfach,
CH-8036 Zürich
info@denknetz.ch
www.denknetz.ch

2025, 1. Auflage
© dieser Ausgabe bei edition 8., Alle Rechte, einschliesslich der Rechte der öffentlichen Lesung, vorbehalten.

Verlag: edition 8
Quellenstrasse 25
CH-8005 Zürich
+41 44 271 80 22
info@edition8.ch

Auslieferung Schweiz:
AVA Verlagsauslieferung AG
Industrie Nord 9
CH-5654 Merenschwand
avainfo@ava.ch

Deutschland & Österreich:
Prolit Verlagsauslieferung GmbH
Siemensstrasse 16
D-35463 Fernwald
gpsr@prolit.de

Zur Produktesicherheitsverordnung (GPSR) liegt zu diesem Buch eine Risikoanalyse vor. Interessierte können das PDF beim Verlag anfordern.

Die edition 8 wird im Rahmen des Konzepts zur Verlagsförderung in der Schweiz vom Bundesamt für Kultur mit einem Förderbeitrag für die Jahre 2021–2025 unterstützt.
  Besuchen Sie uns im Internet: Informationen zu unseren Büchern und Autor:innen sowie Rezensionen und Veranstaltungshinweise finden Sie unter www.edition8.ch.

ISBN 978-3-85990-561-0